赖世雄

自然拼读法

Speak English Like a Native: Phonics

赖世雄 著

上海文化出版社
SHANGHAI CULTURE PUBLISHING HOUSE

图书在版编目（CIP）数据

自然拼读法 / 赖世雄著. -- 上海 : 上海文化出版社, 2023.6（2023.11重印）
（口语从头学）
ISBN 978-7-5535-2757-4

Ⅰ. ①自… Ⅱ. ①赖… Ⅲ. ①英语－儿童教育－教学参考资料 Ⅳ. ①H31

中国国家版本馆CIP数据核字(2023)第096151号

出 版 人：姜逸青
责任编辑：葛秋菊
特约编辑：赵迪秋
版面设计：知语文化
封面设计：远山蝉

书　　名：自然拼读法
作　　者：赖世雄
出　　版：上海世纪出版集团 上海文化出版社
地　　址：上海市闵行区号景路159弄A座3F　201101
发　　行：上海文艺出版社发行中心
上海市闵行区号景路159弄A座2F　www.ewen.co
印　　刷：上海盛通时代印刷有限公司
开　　本：710×960　1/16
印　　张：13.5
版　　次：2023 年 7 月第一版　2023 年 11 月第二次印刷
书　　号：ISBN 978-7-5535-2757-4/H.064
定　　价：39.80 元
如发现印装质量问题请联系印刷厂质量科
电　　话：021-37910000

序
Preface

对于英语学习者来说，记英语单词是枯燥而且困难的。自然拼读法的神奇之处就在于：只需要学会 26 个字母及字母组合的发音规则，就能够正确读出绝大多数单词，而且还能按照拼读规律完整地写出单词，最终达到“见词会读，听音能写”的学习目的。

自然拼读法因其“简单高效性”成为目前国际上备受推崇的英语教学方法。自然拼读法在我国台湾地区已经推行几十年，很成熟地应用到英语教学中。这套自然拼读法是我本人带领常春藤编辑团队及美籍教学专家 Robert Brockbank 编写的，总结了我们几十年的教学经验，希望让英语老师和学生体会到它的简单、易学和有趣。本书有以下特色：

专业教学课程设置。本书分为初、中两个级别，从英语 26 个字母的发音到字母组合在单词中的拼读，依照初学者对英语的认知规律，逐步引导学习。书中教学部分以“字母发音—单词示范朗读—字母组合拼读示范”的模式，清晰地展示拼读规律。

纯正美音示范拼读。教学部分的有声拼读示范是由发音纯正的美籍教师（女声）和我本人共同朗读。为让拼读学习变得轻松有趣，示范音频经过了专业的音效制作，悦耳动听，利于学生在模仿中矫正发音、熟悉拼读规则，实现最专业的英语启蒙。

有声互动习题设计。我们为每一课都精心设计了配套习题，以“图文 + 声音”的模式，从听音组词、听音填词、辨音选词、听音识图、听音辨图等多角度辅助学生练习拼读规则，检验和巩固学习效果。生动多样的习题有利于学生高效吸收教学内容，激发英语学习的主动性，同时适合亲子互动学习、教师课堂教学和学生自主学习。

总之，我相信通过本书学习自然拼读，能让学生养成总结单词中字母发音规律的习惯，获得“见词会读，听音能写”的能力，从而终身受益！

Contents
目 录

初级
Basic Phonics

中级
Intermediate Phonics

初级
Basic Phonics

描写字母。
Trace the letters.

ABC's

Aa Bb Cc Dd Ee

Ff Gg Hh Ii Jj

Kk Ll Mm Nn Oo

Pp Qq Rr Ss Tt

Uu Vv Ww Xx Yy

Zz

将相应的大小写字母连线。
Match the big letters with the small letters.

A	b
B	l
C	k
D	o
E	p
F	q
G	c
H	j
I	i
J	a
K	f
L	v
M	d
N	w
O	s
P	n
Q	m
R	g
S	h
T	t
U	u
V	e
W	r
X	x
Y	z
Z	y

填空。
Fill in the missing letters.

- 填写大写字母。
  Fill in the missing big letters.

A _ C _ E _ G _ I _ K _ M _

O _ Q _ S _ U _ W _ Y _

- 填写小写字母。
  Fill in the missing small letters.

_ b _ d _ f _ h _ j _ l _ n _ p

_ r _ t _ v _ x _ z

- 将下列大写字母涂成蓝色，小写字母涂成红色。
  Color the big letters blue and the small letters red.

Aa Bb Cc Dd Ee Ff Gg

Hh Ii Jj Kk Ll Mm Nn

Oo Pp Qq Rr Ss Tt Uu

Vv Ww Xx Yy Zz

从Zz到Aa倒序默写字母表。
（先写大写字母，后写小写字母。）
Write the alphabet backwards.
(Using big letters then small letters.)

Zz

Aa

Aa

【赖老师讲发音】短元音/æ/发音时上下唇和上下齿张开，使下巴尽量往下拉，舌头平放，舌尖抵住下齿，振动声带。

ax
斧头

ant
蚂蚁

apple
苹果

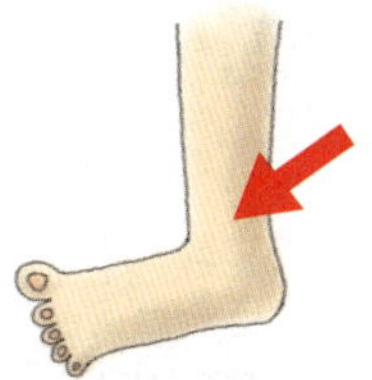

ankle
脚踝

angry
生气的

anchor
锚

animals
动物

ambulance
救护车

alligator
短吻鳄

拼读天天练
Daily Practice Drills

● 两字母组合中，短元音 a 在一个辅音字母前的拼读。
Two letter sounds using *short a* before the consonant.

ab	ak	as
ac	am	at
ad	an	ax
af	ap	az
ag	aq	

● 两字母组合中，短元音 a 在一个辅音字母后的拼读。
Two letter sounds using *short a* after the consonant.

ba	ha	na	va
ca	ja	pa	wa
da	ka	ra	ya
fa	la	sa	za
ga	ma	ta	

● 三字母组合中，短元音 a 在两个辅音字母间的拼读。
Reading CVC blends with *short a* as the middle sound.

bad	ham	pat	wag
bag	hat	pan	wax
cab	jab	rag	yam
can	jam	rat	yap
dad	lab	sac	zag
dam	lap	sag	zap
fad	mad	tag	
fan	mat	tan	
gap	nag	van	
gas	nap	vat	

练习
Exercise

● 听录音，重组字母。
Listen and unscramble the *short a* words.

gba hma npa art wxa

___ ___ ___ ___ ___

● 听录音，补全单词。
Listen and write down the missing letters to the sounds you hear.

ca_ fa_ _ag _ap _at an_

● 听录音，选择首字母是短元音 a 的单词。
Listen and choose the words with a *short a* sound at the beginning.

( ) 1. a) act b) ape c) art
( ) 2. a) ate b) any c) ask
( ) 3. a) and b) age c) ache
( ) 4. a) also b) add c) ale
( ) 5. a) angel b) apple c) again

● 听录音，选择中间字母是短元音 a 的单词。
Listen and choose the words with a *short a* sound in the middle.

( ) 1. a) fat b) day c) bar
( ) 2. a) came b) pan c) law
( ) 3. a) lazy b) ban c) car
( ) 4. a) hair b) fame c) vast
( ) 5. a) bake b) mask c) case

练习
Exercise

字谜
Word Puzzle

z	o	n	a	d	a	z	q	o	e	o	a	v	e
o	a	q	n	z	o	j	a	z	j	q	k	v	j
a	i	z	i	v	a	h	a	n	k	l	e	w	z
o	p	v	m	t	o	n	z	t	j	q	h	d	k
q	v	p	a	d	j	z	g	o	v	d	o	p	v
j	d	q	l	z	f	h	q	r	d	v	q	j	h
t	q	z	s	e	q	j	v	e	y	t	v	o	q
d	j	p	h	t	f	d	o	h	o	h	d	e	e
e	k	t	v	d	z	f	h	j	z	j	v	h	z
z	a	m	b	u	l	a	n	c	e	d	q	o	q
v	x	z	t	q	z	o	f	e	o	j	f	z	p

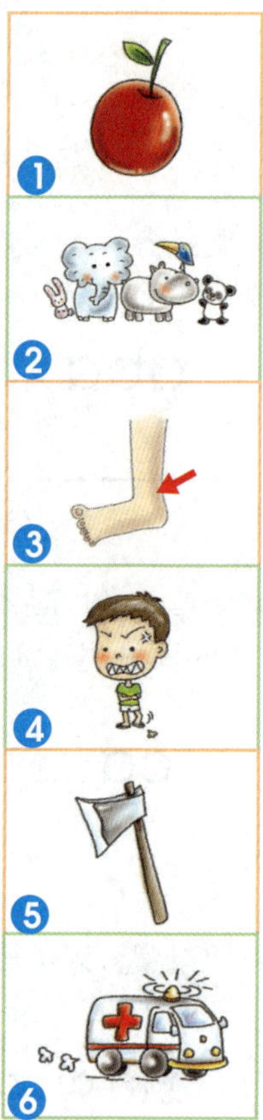

将下图中首字母为短元音 a 的单词涂成红色，尾字母为短元音 a 的单词涂成蓝色，中间字母为短元音 a 的单词涂成绿色。
Color words that begin with a *short a* red, words that end with a *short a* blue, and words with a *short a* in the middle green.

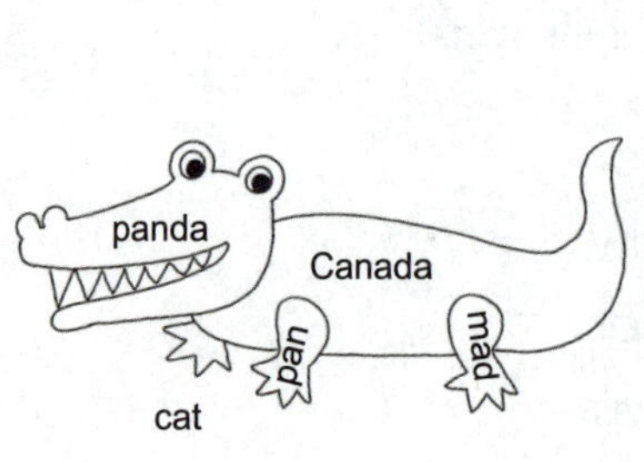

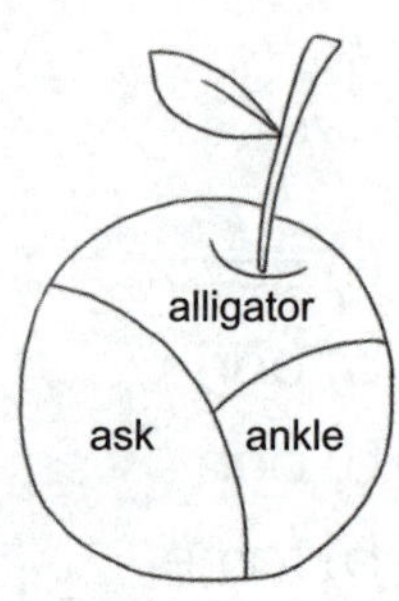

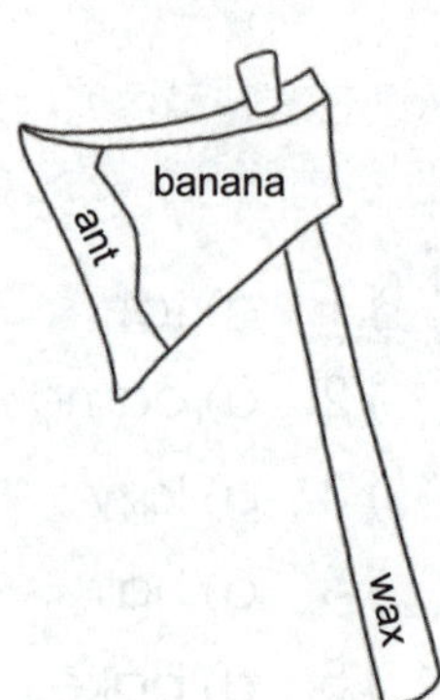

【赖老师讲发音】短元音/ɑ/发音时，上下唇及上下齿张开，舌头垂放，发音类似汉语拼音ɑ的音。

on
在……上面

ox
牛

odd
奇数的

otter
水獭

opera
歌剧

object
物体

ostrich
鸵鸟

octopus
章鱼

October
十月

拼读天天练
Daily Practice Drills

- 两字母组合中，短元音 o 在一个辅音字母前的拼读。
Two letter sounds using *short o* before the consonant.

ob	ok	or
oc	ol	os
od	om	ot
of	on	ox
og	op	oz

- 两字母组合中，短元音 o 在一个辅音字母后的拼读。
Two letter sounds using *short o* after the consonant.

bo	ho	po
co	jo	ro
do	lo	so
fo	mo	to
go	no	vo

- 三字母组合中，短元音 o 在两个辅音字母间的拼读。
Reading CVC blends with *short o* as the middle sound.

bob	hog	pop
box	hop	pot
cop	job	rob
cot	jot	rot
dog	log	sob
dot	lot	sod
fog	mob	tot
fox	mom	top
god	nod	voc
got	not	vox

练习
Exercise

- 听录音，重组字母。
Listen and unscramble the *short a* words.

tco glo sbo ohp fxo

_ _ _ _ _ _ _ _ _ _ _ _ _ _ _

- 听录音，补全单词。
Listen and write down the missing letters to the sounds you hear.

_op _ot bo_ _og vo_ _ob

- 听录音，选择首字母是短元音 o 的单词。
Listen and choose the words with a *short o* sound at the beginning.

( ) 1. a) oh b) on c) or
( ) 2. a) odd b) orb c) oak
( ) 3. a) own b) oil c) opt
( ) 4. a) old b) Oct. c) one
( ) 5. a) over b) onto c) only

- 听录音，选择中间字母是短元音 o 的单词。
Listen and choose the words with a *short o* sound in the middle.

( ) 1. a) for b) hop c) moo
( ) 2. a) mop b) low c) cow
( ) 3. a) top b) doe c) roll
( ) 4. a) bow b) coy c) job
( ) 5. a) bold b) frog c) corn

练习
Exercise

● 听句子，圈出含有短元音 o 的单词。
Listen to the sentences and circle the *short o* words.

1. A hot mop can clean a pot.
2. A cop can not drink pop.
3. Hop on the red dot.
4. Ron is on the sod.
5. Bob looked at the fox on the log.

● 听录音，圈出与短元音 o 相对应的图。
Listen and circle the *short o* pictures.

● 将下图中首字母为短元音 o 的单词涂成棕色，中间字母为短元音 o 的单词涂成橙色。
Color words that begin with a *short o* brown, and words with a *short o* in the middle orange.

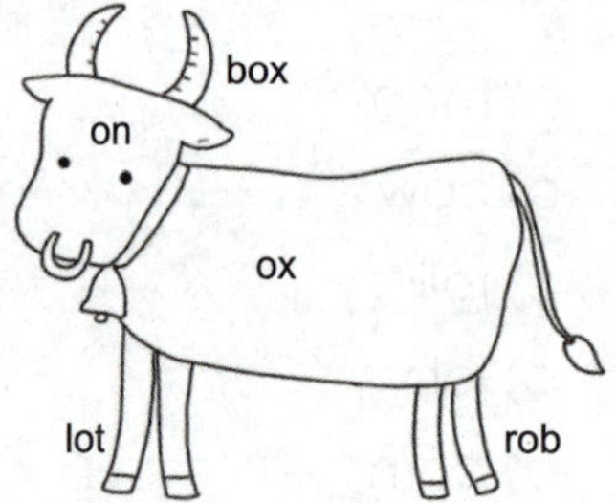

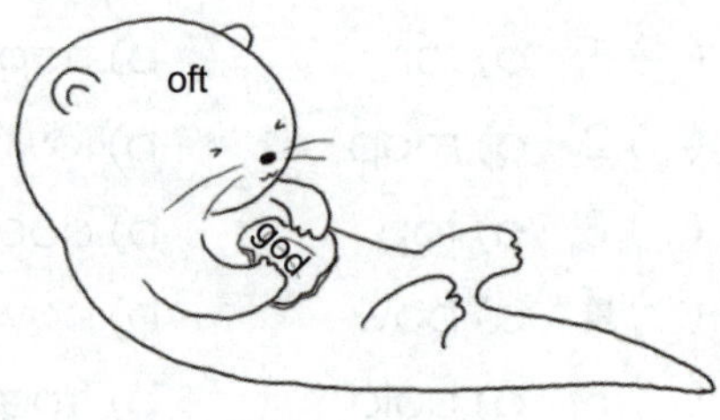

【赖老师讲发音】短元音/ɪ/发音时，口形适度张开，上下齿略微分开，正面下齿露出多于上齿；舌尖与下方牙齿背面完全接触。

inn
小旅馆

ink
墨水

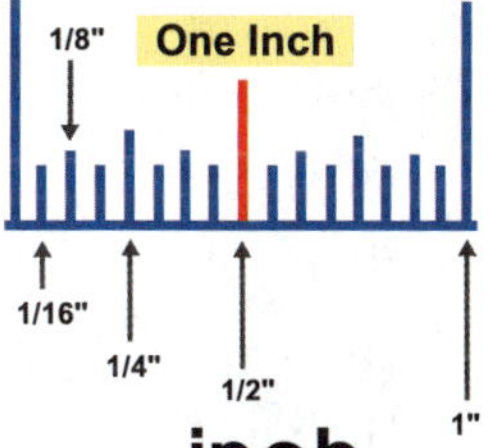

inch
英寸

itchy
发痒的

igloo
圆顶小屋

insect
昆虫

inside
里面的

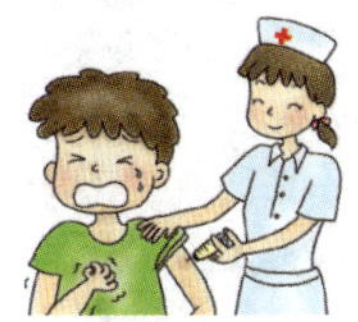
inject
注射

infant
婴儿

拼读天天练
Daily Practice Drills

- 两字母组合中，短元音 i 在一个辅音字母前的拼读。
  Two letter sounds using *short i* before the consonant.

ib	ik	is
ic	il	it
id	in	iv
if	im	ix
ig	ip	iz

- 两字母组合中，短元音 i 在一个辅音字母后的拼读。
  Two letter sounds using *short i* after the consonant.

bi	ji	pi	wi
di	ki	ri	zi
fi	li	si	
gi	mi	ti	
hi	ni	vi	

- 三字母组合中，短元音 i 在两个辅音字母间的拼读。
  Reading CVC blends with *short i* as the middle sound.

bib	jig	pig	wig
bin	jip	pin	win
dig	kin	rib	zig
dip	kit	rim	zip
fit	lid	sit	
fix	lit	six	
gig	mid	tin	
giv	mix	tip	
hip	nil	vic	
his	nip	viv	

练习
Exercise

● 听句子，圈出含有短元音 i 的单词。
Listen to the sentences and circle the *short i* words.

1. He did the mitt for him.
2. You can sit in an igloo.
3. Hit him on his hip.
4. My lips are big and thick.
5. Did you sit on the bib?

● 听录音，圈出与短元音 i 相对应的图。
Listen and circle the *short i* pictures.

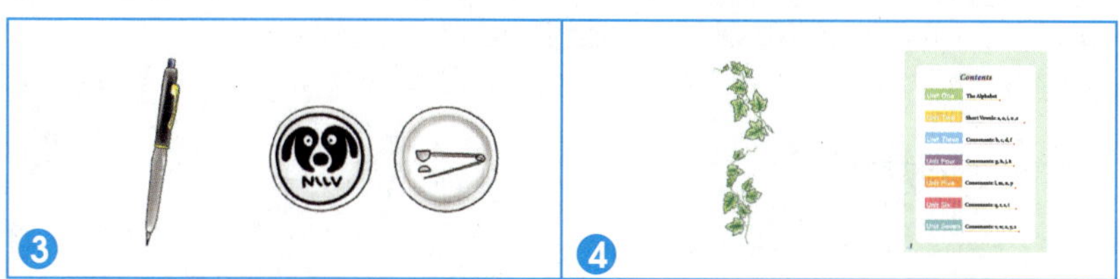

● 听录音，填写缺失的字母。
Listen and write down the missing letters to the sounds you hear.

fi__ __in __ip ri__ __it mi__

练习
Exercise

字谜
Word Puzzle

i	f	c	g	m	o	z	d	o	g	f	x	r	g
a	n	l	f	w	u	x	n	r	m	x	r	i	x
z	x	k	e	v	l	y	i	n	c	h	a	n	w
h	c	r	a	u	g	e	x	w	n	p	w	n	r
q	r	o	z	p	x	r	y	f	v	l	e	a	f
x	d	c	i	n	j	e	c	t	x	f	i	x	k
t	n	q	n	e	z	u	x	z	k	w	c	p	i
i	e	x	f	q	r	z	i	m	o	r	a	e	z
y	w	z	a	r	x	i	n	s	e	c	t	w	t
o	g	j	n	o	s	w	o	x	z	p	l	o	m
b	i	k	t	i	e	f	l	t	r	l	e	r	o

写出下图所对应的单词，并将含有短元音 i 的单词所对应的图着色。
Label and color the pictures with a *short i* sound.

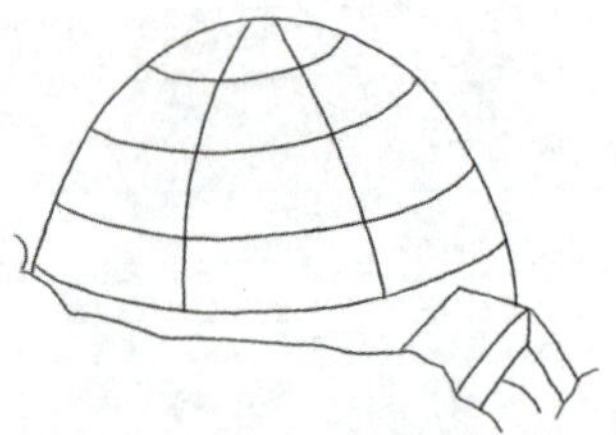

_ _ _ _ _

_ _ _

【赖老师讲发音】短元音/ʌ/发音时，上下唇及上下齿微张，舌头自然垂放，舌尖轻轻抵住下齿龈，振动声带；发音类似汉语拼音e的音，但要强且短促。

up
向上

us
我们

ugly
丑的

uncle
叔叔

under
在……下面

usher
引座员

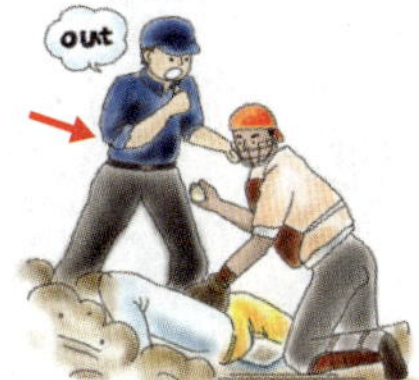

umpire
裁判

upright
笔直地

umbrella
伞

拼读天天练
Daily Practice Drills

● 两字母组合中，短元音 u 在一个辅音字母前的拼读。
Two letter sounds using *short u* before the consonant.

ub	uk	us
uc	ul	ut
ud	um	uv
uf	un	ux
ug	up	uz

● 两字母组合中，短元音 u 在一个辅音字母后的拼读。
Two letter sounds using *short u* after the consonant.

bu	hu	pu	vu
cu	ju	qu	wu
du	lu	ru	yu
fu	mu	su	
gu	nu	tu	

● 三字母组合中，短元音 u 在两个辅音字母间的拼读。
Reading CVC blends with *short u* as the middle sound.

bug	hub	pug	yum
bus	hut	pun	yup
cup	jug	rug	
cut	jut	rum	
dub	lug	sub	
dug	lum	sun	
fug	mud	tub	
fun	mug	tug	
gum	nub	wud	
gut	nun	wun	

练习 Exercise

● 听录音，重组字母。
Listen and unscramble the *short u* words.

ugm　　nbu　　sbu　　tcu　　uyp

_ _ _　　_ _ _　　_ _ _　　_ _ _　　_ _ _

● 听录音，补全单词。
Listen and write down the missing letters to the sounds you hear.

bu_　su_　_ut　_ug　cu_　_ud

● 听录音，选择首字母是短元音 u 的单词。
Listen and choose the words with a *short u* sound at the beginning.

( ) 1. a) use　b) up　c) urn
( ) 2. a) utter　b) usual　c) urge
( ) 3. a) unit　b) union　c) unto
( ) 4. a) usage　b) until　c) unicorn
( ) 5. a) urban　b) unify　c) umber

● 听录音，选择中间字母是短元音 u 的单词。
Listen and choose the words with a *short u* sound in the middle.

( ) 1. a) hub　b) mute　c) turf
( ) 2. a) due　b) cue　c) mug
( ) 3. a) jump　b) cute　c) sue
( ) 4. a) bun　b) blue　c) curb
( ) 5. a) rude　b) rum　c) fluid

练习
Exercise

● 听句子，圈出含有短元音 u 的单词。
Listen to the sentences and circle the *short u* words.

1. He can tug on the rug.
2. The mug is in the hut by the pup.
3. We hum on the bus and eat nuts.
4. I run for fun in the hot sun.
5. My mom is in the tub.

● 听录音，圈出与短元音 u 相对应的图。
Listen and circle the *short u* pictures.

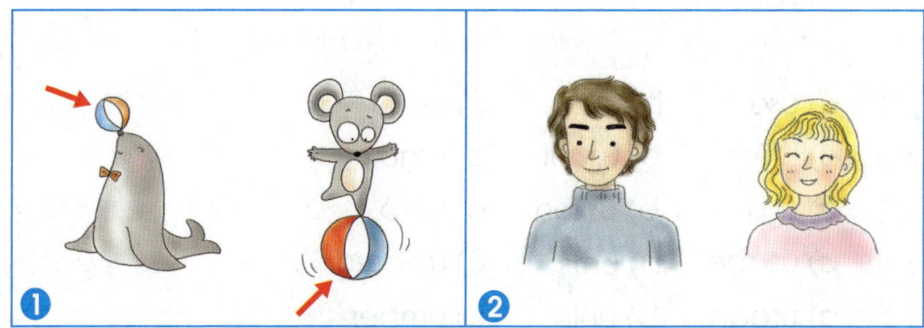

Ee

【赖老师讲发音】短元音/ɛ/发音时，嘴开微宽。牙齿略微分开，露出部分上、下正面的牙齿。舌头平放，舌尖轻轻抵住下齿，脸部肌肉放松，振动声带。

egg
蛋

elf
小精灵

end
结束

edit
编辑

exit
出口

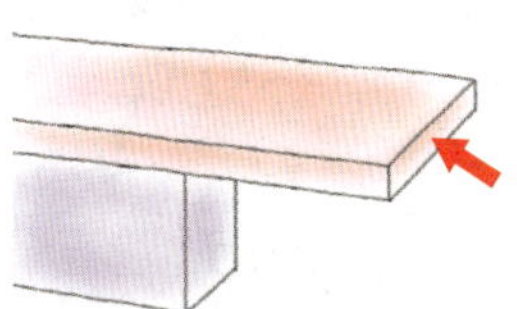

edge
边缘

empty
空的

elbow
肘

elephant
大象

拼读天天练
Daily Practice Drills

● 两字母组合中，短元音 e 在一个辅音字母前的拼读。
Two letter sounds using *short e* before the consonant.

eb	el	es
ec	em	et
ed	en	ev
ef	ep	ex
eg	eq	

● 两字母组合中，短元音 e 在一个辅音字母后的拼读。
Two letter sounds using *short e* after the consonant.

be	je	pe	we
de	ke	re	ye
fe	le	se	
ge	me	te	
he	ne	ve	

● 三字母组合中，短元音 e 在两个辅音字母间的拼读。
Reading CVC blends with *short e* as the middle sound.

bed	jem	pen	web
beg	jet	peg	wet
den	ked	red	yep
dez	ken	rep	yes
fed	leg	sec	
fem	let	set	
ged	men	ten	
get	met	tex	
hem	neg	vel	
hen	net	vet	

练习
Exercise

● 听句子，圈出含有短元音 e 的单词。
Listen to the sentences and circle the *short e* words.

1. Jen has a pet elephant.
2. The red jet has two men in it.
3. Ben enjoys eggs.
4. I bet Deb will get a red bed.
5. Ned the hen has two legs.

● 听录音，重组字母。
Listen and unscramble the words with a *short e* sound.

efd ___ ___ ___

jme ___ ___ ___

pge ___ ___ ___

neh ___ ___ ___

tey ___ ___ ___

● 听录音，选择中间字母是短元音 e 的单词。
Listen and choose the words with a *short e* sound in the middle.

( ) 1. a) see b) fed c) per
( ) 2. a) west b) beat c) leer
( ) 3. a) Pete b) let c) eve
( ) 4. a) them b) keep c) jean
( ) 5. a) beg b) meter c) feat

练习
Exercise

字谜
Word Puzzle

k	z	v	e	r	x	f	q	v	z	j	g	v	r
o	u	w	f	l	g	v	e	x	i	t	l	m	u
q	c	e	z	q	e	r	d	h	g	x	s	r	x
j	r	l	g	o	u	p	o	u	v	o	j	w	o
s	z	f	x	p	f	x	h	o	r	l	p	u	z
z	p	r	w	f	l	k	m	a	z	m	g	x	i
g	e	n	d	h	j	o	i	g	n	r	z	y	w
w	d	z	y	x	r	g	j	v	e	t	s	r	m
x	g	w	f	i	q	e	l	b	o	w	f	m	j
y	e	o	r	q	k	f	x	h	r	s	u	z	t
z	r	d	e	x	m	r	z	k	x	j	x	o	y

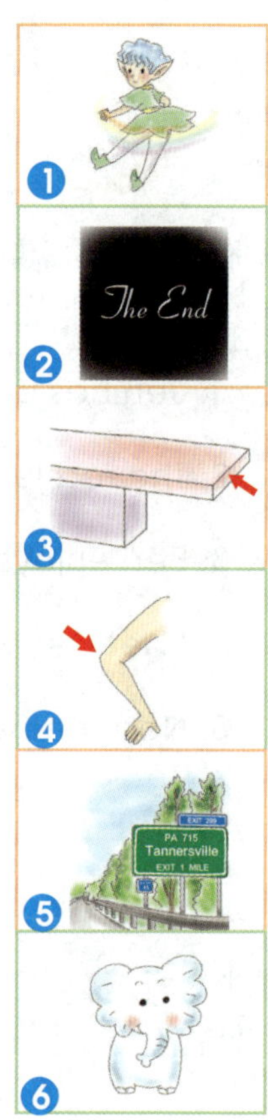

将下图中首字母发短元音 e 的单词涂成粉红色，中间字母发短元音 e 的单词涂成紫色。
Color words that begin with a *short e* pink, and words with a *short e* in the middle purple.

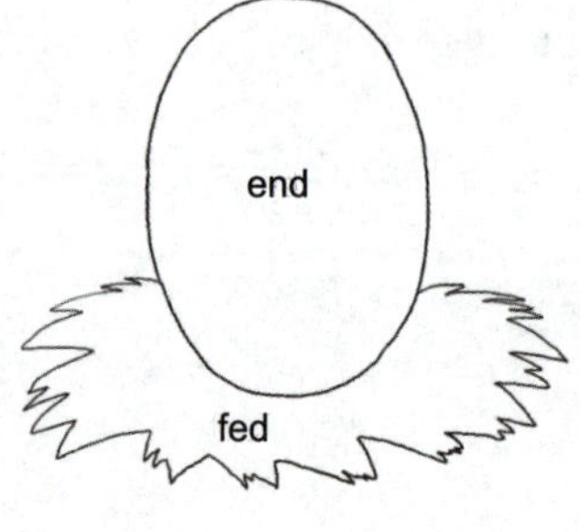

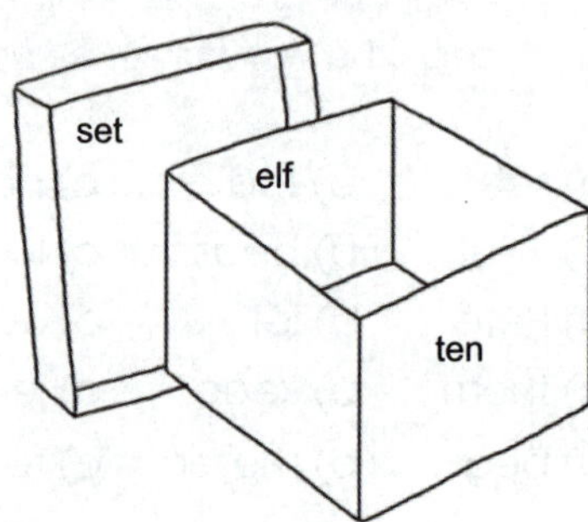

Bb

【赖老师讲发音】辅音/b/发音时，双唇要紧闭，压迫气息，使气息由口腔突破双唇而出，振动声带。

bag
包

bat
蝙蝠

bee
蜜蜂

ball
球

barn
畜棚

bear
熊

beach
海滩

basket
篮子

balloon
气球

拼读天天练
Daily Practice Drills

- 三字母组合中，字母 b 在词首和词尾的拼读。
  CVC blends with the letter *b* as the initial consonant and the ending consonant.

a

bad	bag	ban
cab	lab	tab

i

bib	bid	bit
fib	jib	nib

o

bob	bog	box
cob	hob	sob

u

bud	bun	bus
pub	rub	tub

e

bed	beg	bet
Deb	peb	web

- 试读下面发 b 音的常用单词。
  Try reading these high frequency phonetic *b* words.

bell	best	bank
band	buzz	blast

练习
Exercise

● 听录音，重组字母。
Listen and unscramble the *b* words.

bga　　nbi　　ubn　　teb　　xbo

___　___　___　___　___

● 听录音，圈出词首发 b 音的单词。
Listen and circle the words with a *b* sound at the beginning.

1. Bob is a big boy.
2. Blue books are in the pink bin.
3. Ben put the bad bug in the bag.
4. Is there a bed on the bus?
5. I have a bib for the big baby.

● 听录音，圈出词尾发 b 音的单词。
Listen and circle the words with a *b* sound at the end.

1. I can rub the cub.
2. The mob was in the pub.
3. Rob bid for the job.
4. Don't sob in the cab.
5. The web was near the tub.

练习
Exercise

- 纵横填字游戏。
  Crossword.

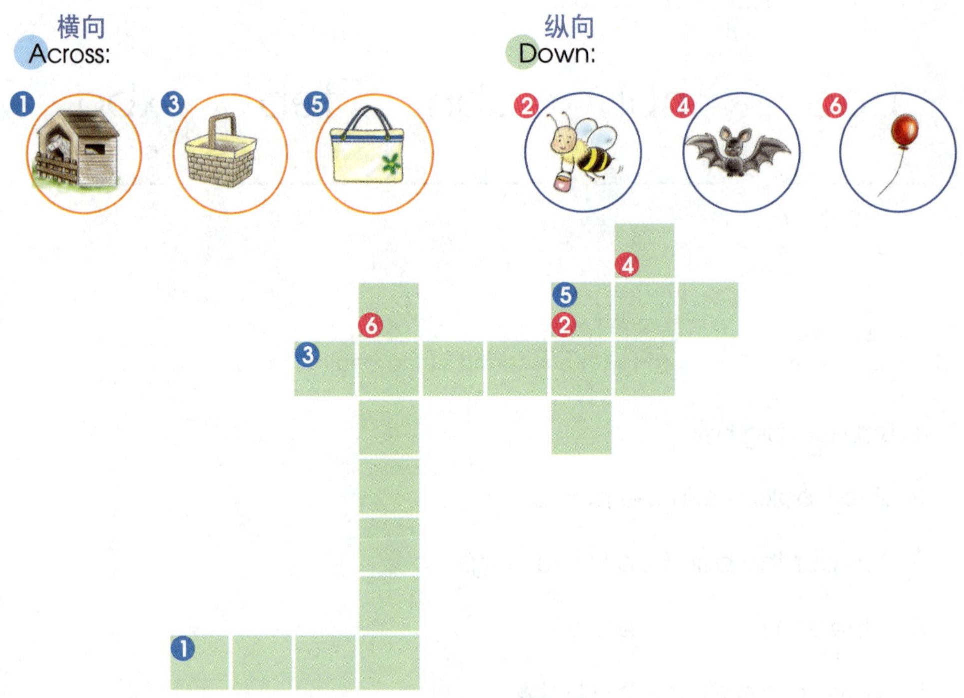

- 听录音，将下面的图片与对应的单词连线。
  Listen and match the pictures with a *b* sound.

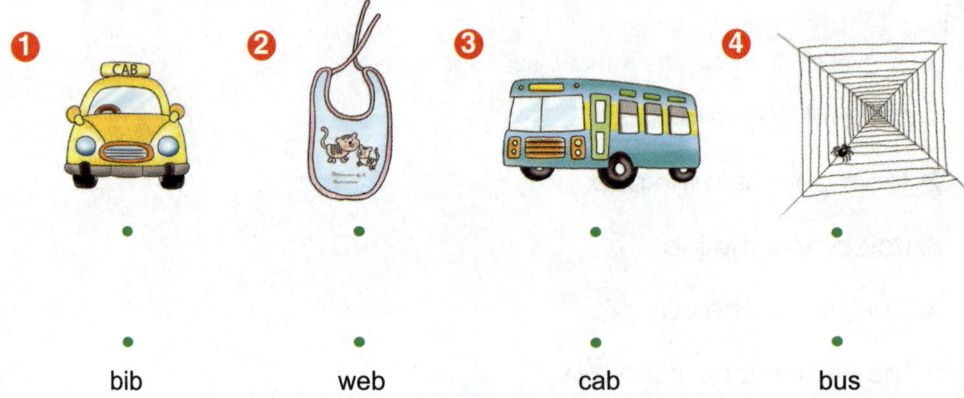

【赖老师讲发音】清辅音/k/发音时，双唇微开，使气息从口中冲出，类似汉语拼音k的发音，不振动声带。

cat
猫

cap
帽子

cup
杯子

crab
螃蟹

cart
购物推车

clock
钟

candy
糖果

carrot
胡萝卜

camera
照相机

拼读天天练
Daily Practice Drills

● 三字母组合中，字母 c 在词首和词尾的拼读。
CVC blends with the letter *c* as the initial consonant and the ending consonant.

a

cab	cad	cam
bac	fac	hac

o

cob	cod	cog
doc	joc	loc

u

cub	cud	cum
ruc	suc	tuc

● 试读下面发 c 音的常用单词。
Try reading these high frequency phonetic *c* words.

camp	club	cost
crop	class	comic
cabin	comment	custom

练习
Exercise

● 听录音，重组字母。
Listen and unscramble the *hard c* words.

bac　obc　tuc　puc　gco

_ _ _　_ _ _　_ _ _　_ _ _　_ _ _

● 听录音，圈出词首发硬音 c 的单词。
Listen and circle the words with a *hard c* sound at the beginning.

1. A cat can run fast.
2. Can a cop drink from a cup?
3. The cub ate some cod.
4. I left my cap in the cab.
5. You should cut your corn on the cob.

● 听录音，选出含有硬音 c 的单词。
Listen and choose the words with a *hard c* sound.

( ) 1. a) cap　b) cell　c) chit

( ) 2. a) chop　b) cent　c) copy

( ) 3. a) city　b) cast　c) chin

( ) 4. a) cert　b) clap　c) cycle

( ) 5. a) cigar　b) club　c) chip

练习
Exercise

字谜
Word Puzzle

u	o	v	e	f	x	y	z	c	j	r	m
q	k	l	q	r	w	a	q	a	k	x	v
c	u	p	a	o	s	z	f	r	o	e	z
o	r	z	v	c	f	q	v	r	z	f	x
w	l	a	l	z	l	z	r	o	q	v	s
r	z	q	b	r	s	o	z	t	w	j	z
w	l	s	v	j	z	q	c	a	n	d	y
c	a	m	e	r	a	j	w	k	z	q	o
z	q	s	w	k	o	v	e	x	m	a	x

读下面单词，并补全另一半图。
Read and draw the other half of the pictures for each word.

cot

cab

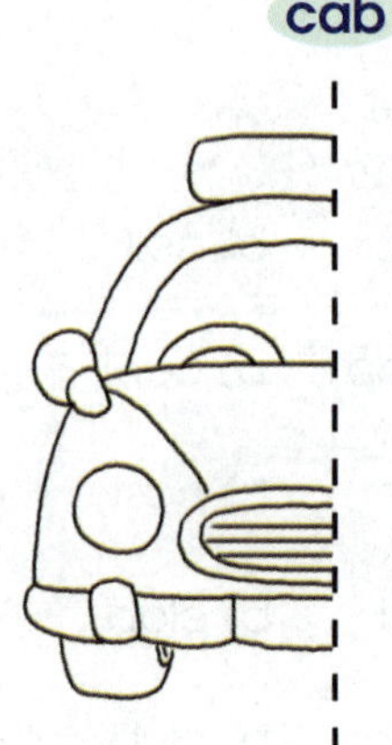

Dd

【赖老师讲发音】辅音/d/发音时，双唇微开，舌尖抵住上齿龈，用力将舌尖弹开，振动声带；类似汉语拼音d的发音。

dig
挖

dog
狗

dew
露水

deer
鹿

door
门

drum
鼓

dance
跳舞

drink
喝

doctor
医生

拼读天天练
Daily Practice Drills

● 三字母组合中，字母 d 在词首和词尾的拼读。
CVC blends with the letter *d* as the initial consonant and the ending consonant.

a

dab	dad	dam
bad	fad	pad

i

did	dig	dim
bid	hid	lid

o

dog	dot	god
nod	pod	rod

u

dud	dug	dun
bud	cud	mud

e

den	des	dev
led	Ted	wed

● 试读下面发 d 音的常用单词。
Try reading these high frequency phonetic *d* words.

desk	dust	duck
dizzy	draft	discuss

练习
Exercise

● 听录音，重组字母。
Listen and unscramble the *d* words.

dmu　　odn　　wde　　dba　　dil

_ _ _　　_ _ _　　_ _ _　　_ _ _　　_ _ _

● 听录音，圈出词首发 d 音的单词。
Listen and circle the words with a *d* sound at the beginning.

1. Did you dig the den?
2. The dog dug in the mud.
3. The lights were dim near the dam.
4. My dad said, "Dan is a good boy."
5. Did you do your homework?

● 听录音，圈出词尾发 d 音的单词。
Listen and circle the words with a *d* sound at the end.

1. I was sad, but now I am mad.
2. He put his rod on the bed.
3. She was fed up with the sod.
4. I gave the pod a nod, but they hid.
5. Get rid of that dot on the kid.

练习
Exercise

● 听录音，圈出词首发 d 音的单词所对应的图片。
Listen and cirle the pictures with a *d* sound at the beginning.

● 听录音，圈出词尾发 d 音的单词所对应的图片。
Listen and cirle the pictures with a *d* sound at the end.

【赖老师讲发音】辅音/f/发音时，上齿轻轻咬住下唇内侧，将气息从唇齿的缝隙轻轻吹出，不振动声带，类似汉语拼音f的发音。

fan
风扇

fin
鳍

fox
狐狸

farm
农场

fish
鱼

four
四

fence
栅栏

flower
花

feather
羽毛

拼读天天练
Daily Practice Drills

- 三字母组合中，字母 f 在词首和词尾的拼读。
  CVC blends with the letter *f* as the initial consonant and the ending consonant.

a

fab	fad	fat
caf	haf	maf

i

fib	fig	fin
mif	rif	sif

o

fob	fog	fox
cof	dof	lof

u

fug	fun	fuz
buf	huf	ruf

e

fed	fen	fez
def	jef	wef

- 试读下面发 f 音的常用单词。
  Try reading these high frequency phonetic *f* words.

fact	fell	film
flag	frank	funny

练习
Exercise

● 听录音，重组字母。
Listen and unscramble the *f* words.

fgi　　dfe　　unf　　bfa　　oxf

_ _ _　　_ _ _　　_ _ _　　_ _ _　　_ _ _

● 听录音，圈出词首发 f 音的单词。
Listen and circle the words with an *f* sound at the beginning.

1. I sent a fib on a fax.
2. The fin was in the fen.
3. I need to fix the fan.
4. Will the fog be fast?
5. The fat fox was a lot of fun.

● 听录音，将下面的图片与对应的单词连线。
Listen and match the pictures with an *f* sound.

fix　　fat　　fog　　fun

练习
Exercise

纵横填字游戏
Crossword

横向
Across:

纵向
Down:

读下面单词，并补全另一半图。
Read and draw the other half of the picture for each word.

flag

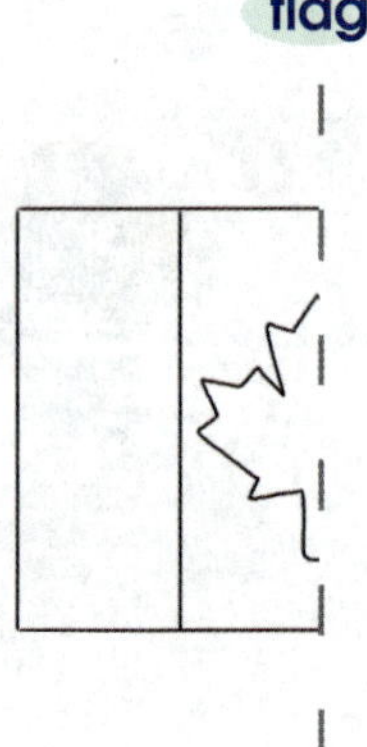

fist

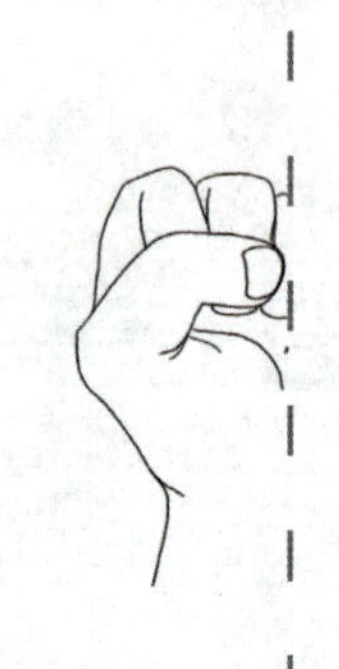

【赖老师讲发音】辅音/g/发音时双唇微开，把气憋住，然后将气用力将舌头弹开，使气息从口中冲出，同时振动声带，发出类似汉语拼音g的短促音。

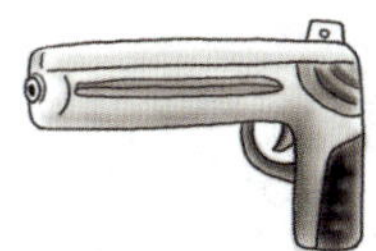
gun
枪

goat
山羊

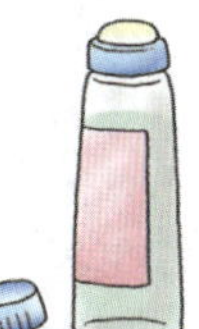
glue
胶水

golf
高尔夫球运动

grey
灰色的

green
绿色的

glass
玻璃杯

grape
葡萄

gorilla
大猩猩

拼读天天练
Daily Practice Drills

● 三字母组合中，字母 g 在词首和词尾的拼读。
CVC blends with the letter *g* as the initial consonant and the ending consonant.

a

gab	gap	gas
lag	nag	tag

i

dig	fig	jig
pig	rig	wig

o

gob	god	got
fog	jog	log

u

gum	gun	gut
jug	rug	tug

e

get	beg	keg
leg	peg	seg

● 试读下面发 g 音的常用单词。
Try reading these high frequency phonetic *g* words.

glad	gift	grill
glass	grasp	grant

练习
Exercise

● 听录音，重组字母。
Listen and unscramble the *hard g* words.

gdi　　umg　　tge　　odg　　gal

___　___　___　___　___

● 听录音，圈出词首发硬音 g 的单词。
Listen and circle the words with a *hard g* sound at the beginning.

1. Give me the green gum.
2. Get the gas and don't gab.
3. Go get Gus; his gut hurts.
4. The game had a gap for two minutes.
5. Guns are not good.

● 听录音，圈出词尾发硬音 g 的单词。
Listen and circle the words with a *hard g* sound at the end.

1. The big pig likes to jog.
2. The bug is in the jug on top of the rug.
3. The big dog is beside the log.
4. The rag in the bag got put in the mug.
5. Peg wears a wig and likes to nag.

练习
Exercise

● 听录音，选出含有硬音 g 的单词。
Listen and choose the words with a *hard g* sound.

( ) 1. a) gap b) gym c) gen

( ) 2. a) gel b) got c) gin

( ) 3. a) gem b) gyp c) gab

( ) 4. a) gip b) glad c) gent

( ) 5. a) gene b) gist c) gift

● 听录音，将所听到的单词与对应的图片连线。
Listen and match the pictures with the words you hear.

1 ● ● gun

2 ● ● goat

3 ● ● grape

4 ● ● gorilla

5 ● ● glue

【赖老师讲发音】清辅音/h/发音时，嘴半开，上下齿张开，舌头自然平放，不振动声带，向外呵气；类似汉语拼音 h 的发音。

hen
母鸡

hit
打

hug
拥抱

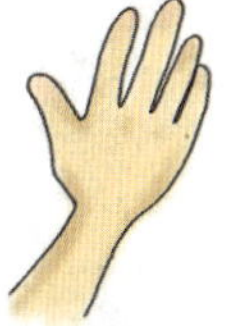

hand
手

hive
蜂巢

hotel
旅馆

honey
蜂蜜

house
房屋

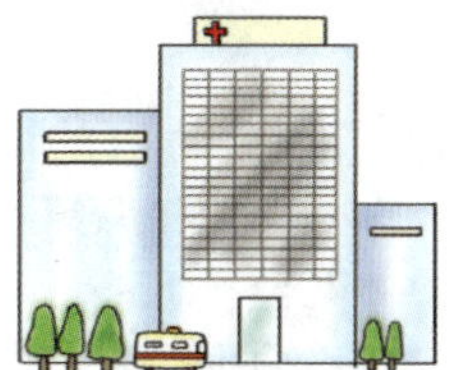

hospital
医院

拼读天天练
Daily Practice Drills

● 三字母组合中，字母 h 在词首的拼读。
CVC blends with the letter *h* as the initial consonant.

a

had	hag	ham
hap	has	hat

i

hid	him	hip
his	hit	hiz

o

hob	hod	hog
hon	hop	hot

u

hub	hug	hum
hun	hup	hut

e

hec	hef	hel
hem	hen	hex

● 试读下面发 h 音的常用单词。
Try reading these high frequency phonetic *h* words.

hill	help	hunt
habit	hiccup	himself

练习
Exercise

● 听录音，重组字母。
Listen and unscramble the *h* words.

pha　　toh　　hne　　mhi　　buh

_ _ _　_ _ _　_ _ _　_ _ _　_ _ _

● 听录音，圈出词首发 h 音的单词。
Listen and circle the words with an *h* sound at the beginning.

1. He has some hot ham.
2. Please don't hit him.
3. It's so hot in here.
4. I hid his hat in the house.
5. Give him a big hug.

● 听录音，写单词。
Listen and write down the words you hear.

练习
Exercise

字谜
Word Puzzle

h	z	v	q	k	h	c	w	r	m	s	j
v	i	m	k	h	o	s	p	i	t	a	l
y	e	v	t	x	n	z	h	y	p	h	g
x	n	f	e	o	e	x	e	r	x	i	c
f	w	h	u	g	y	h	y	o	c	j	x
k	q	a	o	x	w	r	c	g	e	r	i
c	t	n	k	t	q	k	r	e	y	s	o
o	x	d	x	c	e	p	o	y	r	x	j
q	r	h	w	p	o	l	e	x	f	m	e

读下面单词，并补全另一半图。
Read and draw the other half of the pictures for each word.

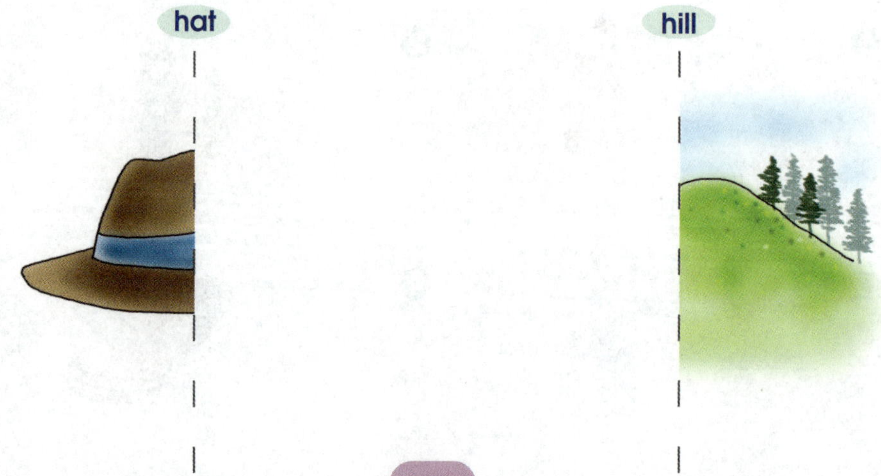

【赖老师讲发音】辅音/dʒ/发轻柔音时，双唇翘起向前突出，上下齿微开，舌头微微上扬，然后憋气，用力使气息振开上下唇而出，同时振动声带，类似汉语拼音j的发音。

jet
喷气式飞机

jug
罐

jam
果酱

July
七月

jeep
吉普车

jump
跳

juice
果汁

jacket
夹克

jewelry
首饰

拼读天天练
Daily Practice Drills

● 三字母组合中，字母 j 在词首的拼读。
CVC blends with the letter *j* as the initial consonant.

a

jab	jac	jag
jam	jan	jas

i

jib	jif	jig
jil	Jim	jip

o

job	joc	jog
jol	jon	jos

u

jub	juc	jug
juj	jun	jus

e

jeb	jef	jel
jen	jet	jeg

● 试读下面发 j 音的常用单词。
Try reading these high frequency phonetic *j* words.

jazz	jest	just
junk	jelly	jackpot

练习
Exercise

● 听录音，重组字母。
Listen and unscramble the *j* words.

jba tje utj jgi obj

_ _ _ _ _ _ _ _ _ _ _ _ _ _ _

● 听录音，圈出词首发 j 音的单词。
Listen and circle the words with a *j* sound at the beginning.

1. Jim can fly in a jet.
2. Jen jumps up and down.
3. He has a jug in his jag.
4. The jam in the jug is red.
5. She did a jig at her job.

● 听录音，将下面的图片与对应的单词连线。
Listen and match the pictures with the right words.

❶ • • jug

❷ • • jet

❸ • • jump

❹ • • jello

❺ • • junk

练习
Exercise

● 纵横填字游戏
Crossword

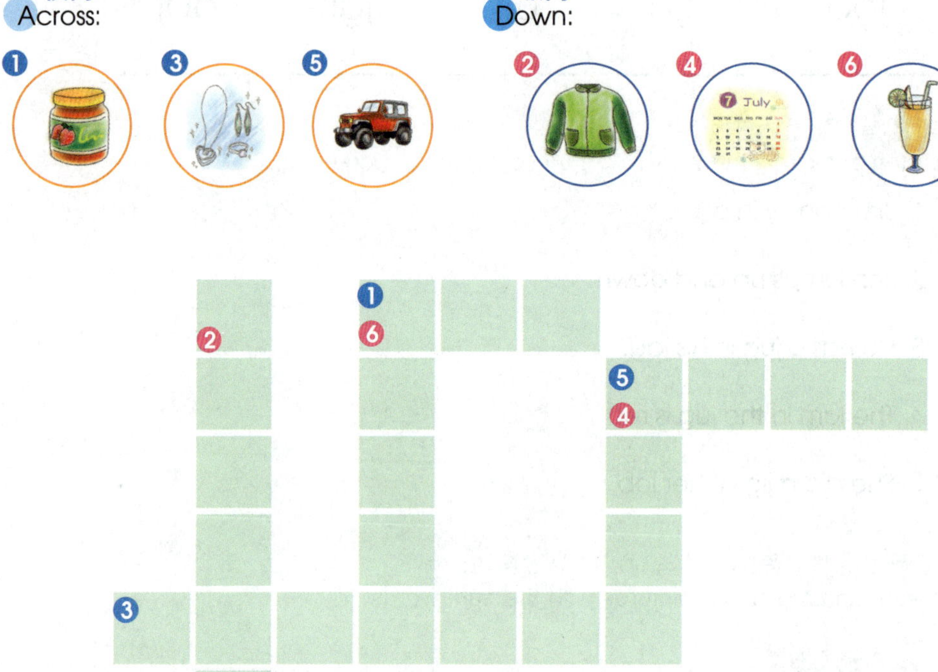

● 听录音，写单词。
Listen and write down the words you hear.

【赖老师讲发音】清辅音/k/发音时，双唇微开，使气息从口中冲出，类似汉语拼音k的无声音，不振动声带。

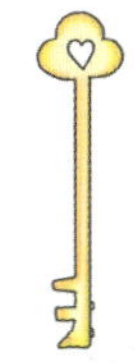

key
钥匙

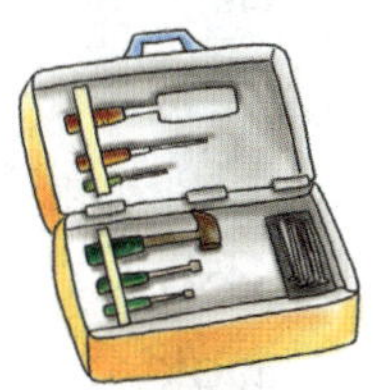

kit
工具箱

kite
风筝

kick
踢

king
国王

kitty
小猫

kettle
水壶

koala
树袋熊

kitchen
厨房

拼读天天练
Daily Practice Drills

● 三字母组合中，字母 k 在词首和词尾的拼读。
CVC blends with the letter *k* as the initial consonant and the ending consonant.

a

kaf	kam	kan
bak	pak	rak

i

kid	kin	kip
lik	sik	wik

o

kob	kog	kon
cok	pok	rok

u

kug	kun	kut
buk	juk	puk

e

keg	Ken	kep
bek	rek	nek

● 试读下面发 k 音的常用单词。
Try reading these high frequency phonetic *k* words.

kelp	kill	kiss
kitty	kidnap	kilogram

练习
Exercise

● 听录音，重组字母。
Listen and unscramble the *k* words.

ikn ___ kge ___ dki ___ knu ___ ikp ___

● 听录音，圈出词首发 k 音的单词。
Listen and circle the words with a *k* sound at the beginning.

1. The key is with Kim.
2. Ken is a boy.
3. The red kite is by the kangaroo.
4. Kip has a kit.
5. The king is my kin.

● 听录音，连线。
Listen and match the *k* words.

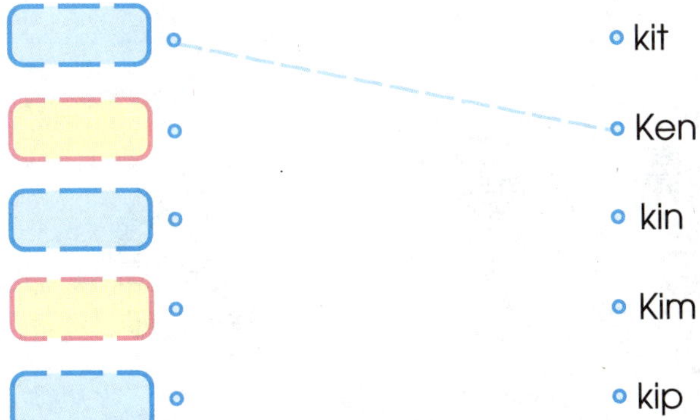

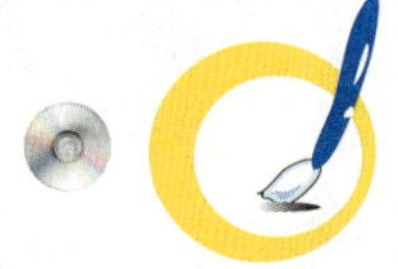

练习
Exercise

● 写出下面词首发 k 音的单词。
Write down the words with a *k* sound at the beginning.

● 听录音，圈出发 k 音的单词所对应的图。
Listen and circle the pictures with a *k* sound.

【赖老师讲发音】辅音/ l /发音时，双唇要张大些，舌尖上扬抵住上齿龈，振动声带，气息由舌头两侧出来，舌尖轻轻放下，发出类似汉语拼音l的音。

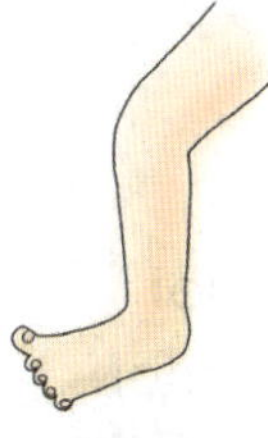

leg
腿

lake
湖

lamp
灯

left
左边的

lemon
柠檬

ladder
梯子

letter
信

laptop
笔记本电脑

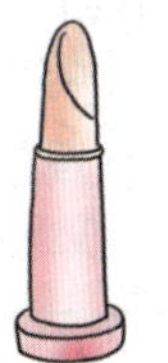

lipstick
唇膏

拼读天天练
Daily Practice Drills

● 三字母组合中，字母 l 在词首和词尾的拼读。
CVC blends with the letter *l* as the initial consonant and the ending consonant.

a

lab	lad	lap
cal	gal	pal

i

lib	lip	lit
bil	fil	jil

o

log	lop	lot
fol	hol	mol

u

lug	lum	luv
kul	mul	sul

e

led	leg	let
bel	fel	rel

● 试读下面发 l 音的常用单词。
Try reading these high frequency phonetic *l* words.

land	last	lens
luck	limit	lollipop

练习
Exercise

● 听录音，重组字母。
Listen and unscramble the *l* words.

apl dle glo bil glu

___ ___ ___ ___ ___

● 听录音，圈出词首发 l 音的单词。
Listen and circle the words with an *l* sound at the beginning.

1. The lad has lips.
2. The lid is on my lap.
3. The lens is by Liz.
4. Len was in the lab.
5. There are a lot of logs.

● 圈出词首发 l 音的单词。
Circle the words with an *l* sound at the beginning.

1. lit
2. rip
3. bun
4. lap
5. lad
6. fit
7. pop
8. lug
9. tug
10. lag

● 圈出词尾发 l 音的单词。
Circle the words with an *l* sound at the end.

1. bar
2. Hal
3. doll
4. toe
5. bell
6. mall
7. saw
8. car
9. row
10. pal

练习
Exercise

字谜
Word Puzzle

k	v	a	b	r	l	g	y	l	a
l	e	f	t	l	a	d	d	e	r
e	a	z	o	c	k	w	r	g	y
o	g	p	v	q	e	d	c	j	w
z	q	a	t	x	w	x	p	k	m
j	l	e	m	o	n	j	b	g	s
d	e	c	r	g	p	a	y	n	o
u	t	x	w	b	y	x	s	k	j

听录音，补全单词。
Listen and write down the missing letters to the sounds you hear.

1

l __ n __

2

l __ tt __ e

3

__ __ sso __

【赖老师讲发音】辅音/m/发音时，双唇闭合，舌头平放，振动声带，气息由鼻腔出来。

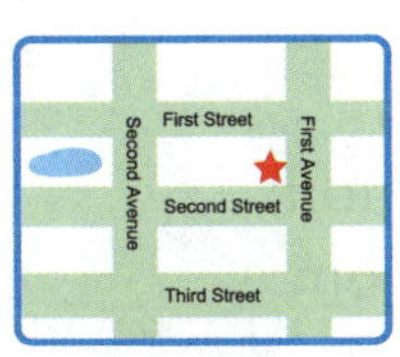

map
地图

mop
拖把

milk
牛奶

mask
面具

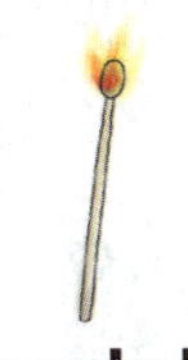

match
火柴

money
钱

monkey
猴子

mittens
连指手套

mailbox
信箱

拼读天天练
Daily Practice Drills

● 三字母组合中，字母 m 在词首和词尾的拼读。
CVC blends with the letter *m* as the initial consonant and the ending consonant.

a

mad	man	mat
bam	cam	dam

i

mid	mil	mix
dim	rim	Tim

o

mob	mod	mom
com	Tom	vom

u

mud	mug	mum
bum	gum	rum

e

med	men	met
fem	hem	jem

● 试读下面发 m 音的常用单词。
Try reading these high frequency phonetic *m* words.

mess	mint	mango
musk	muffin	melody

练习
Exercise

- 听录音，重组字母。
  Listen and unscramble the *m* words.

amd　　nem　　obm　　gmu　　xmi

_ _ _　_ _ _　_ _ _　_ _ _　_ _ _

- 听录音，圈出词首发 m 音的单词。
  Listen and circle the words with an *m* sound at the beginning.

1. The mat is my mom's.
2. The map is by the mop.
3. He is mad when he mops.
4. She puts her mug in the mud.
5. I saw mom mix my meds.

- 听录音，连线。
  Listen and match the *m* words.

练习
Exercise

字谜
Word Puzzle

v	a	u	c	v	g	c	p	z	f	m
s	k	x	j	m	a	i	l	b	o	x
o	x	w	n	p	o	v	x	n	p	a
m	a	t	c	h	y	p	e	c	l	g
a	p	o	s	x	g	y	w	a	q	t
p	f	a	x	e	z	j	g	z	f	p
x	i	u	m	a	s	k	u	x	l	a
m	e	a	q	v	c	z	y	p	o	f

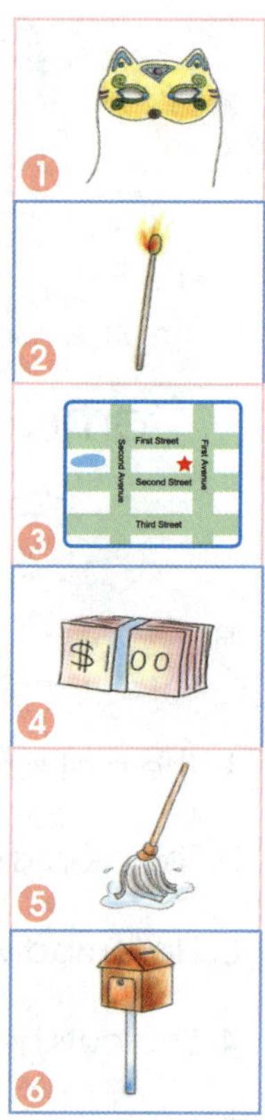

听录音，根据图片重组字母。
Listen and unscramble the words for each picture.

1

mses
__ __ __ __

2

mdeol
__ __ __ __ __

3

elmdoy
__ __ __ __ __ __

4

amgno
__ __ __ __ __

【赖老师讲发音】辅音/n/发音时，双唇微张，舌尖上扬轻轻抵住上齿龈，振动声带，气息由鼻腔出来。

net
网

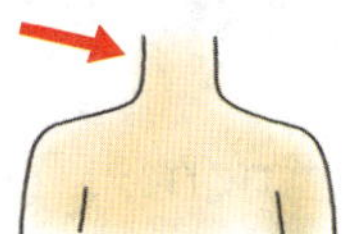

neck
颈

nest
巢

nine
九

nose
鼻子

nurse
护士

novel
小说

noodles
面条

newspapers
报纸

拼读天天练
Daily Practice Drills

● 三字母组合中，字母 n 在词首和词尾的拼读。
CVC blends with the letter *n* as the initial consonant and the ending consonant.

a

nab	nag	nap
fan	pan	van

i

nib	nip	nit
fin	sin	win

o

nod	non	not
con	son	yon

u

nub	nun	nut
dun	fun	run

e

nec	net	nex
hen	pen	ten

● 试读下面发 n 音的常用单词。
Try reading these high frequency phonetic *n* words.

nap	next	null
nanny	napkin	nonstop

练习
Exercise

- 听录音，重组字母。
  Listen and unscramble the *n* words.

nte　　anp　　unt　　ond　　ibn

_ _ _　_ _ _　_ _ _　_ _ _　_ _ _

- 听录音，圈出词首发 n 音的单词。
  Listen and circle the words with an *n* sound at the beginning.

1. I will not nap today.
2. Don't nag at Ned.
3. Nel nabbed the nut.
4. The nut is in the net.
5. All he does is nag, nag, and nag.

- 听录音，圈出词尾发 n 音的单词。
  Listen and circle the words with an *n* sound at the end.

1. He has a pen that is ten centimeters.
2. I will run for fun.
3. The sun gives a man a tan.
4. Ben and Ken sit in the den.
5. The hen with the pen is ten.

练习
Exercise

● 看图，写单词。
Write down the words for each picture.

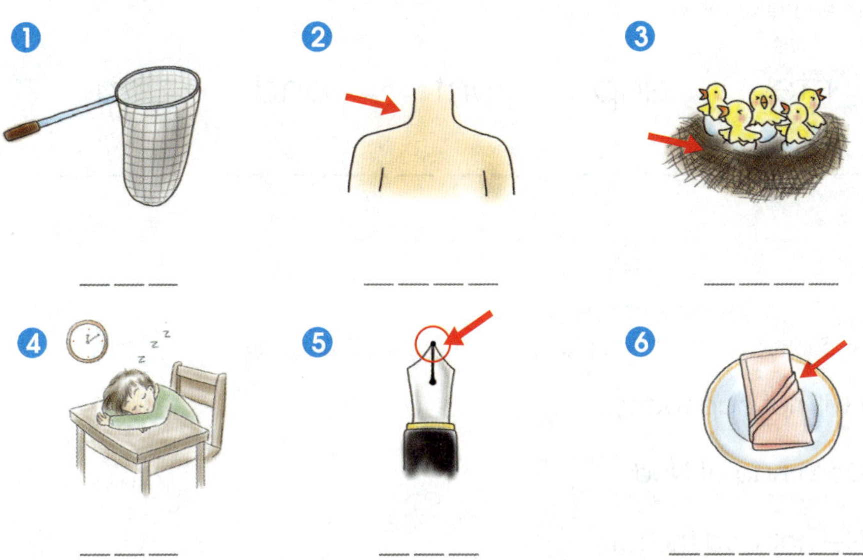

● 听录音，圈出词首发 n 音的单词所对应的图片。
Listen and circle the pictures with an *n* sound at the beginning.

● 听录音，圈出词尾发 n 音的单词所对应的图片。
Listen and circle the pictures with an *n* sound at the end.

【赖老师讲发音】辅音/p/发音时，双唇轻轻闭合，压迫气息，使气息由口腔突破双唇而出，不振动声带；发音类似汉语拼音p的无声音。

pan
平底锅

pen
钢笔

pig
猪

pants
长裤

pick
采摘

page
页

pizza
比萨

peach
桃

peacock
孔雀

拼读天天练
Daily Practice Drills

● 三字母组合中，字母 p 在词首和词尾的拼读。
CVC blends with the letter *p* as the initial consonant and the ending consonant.

a

pad	pan	pat
cap	gap	hap

i

pig	pin	pit
dip	rip	zip

o

pod	pop	pot
cop	fop	sop

u

pub	pug	pun
cup	pup	yup

e

peg	pen	pet
pep	rep	sep

● 试读下面发 p 音的常用单词。
Try reading these high frequency phonetic *p* words.

pass	pick	plan
panic	public	pocket

练习 Exercise

● 听录音，重组字母。
Listen and unscramble the *p* words.

cpo　　tpe　　ypu　　anp　　zpi

_ _ _　_ _ _　_ _ _　_ _ _　_ _ _

● 圈出词首发 p 音的单词。
Listen and circle the words with a *p* sound at the beginning.

1. The pup sat on the pad.
2. Pat had a pet pig.
3. The pen is by the pin.
4. Pat and Pam put a pot in a pit.
5. The pan is at the pub.

● 圈出词尾发 p 音的单词。
Listen and circle the words with a *p* sound at the end.

1. The cop has a cup on his lap.
2. Sip the pop by the mop.
3. His hip is as red as his lip.
4. Her lip is at the tip of her mouth.
5. Tip the top to make it stop.

练习 Exercise

● 重组字母，并与对应的图片连线。
Unscramble and match the words with the right pictures.

1. pick _ _ _ _

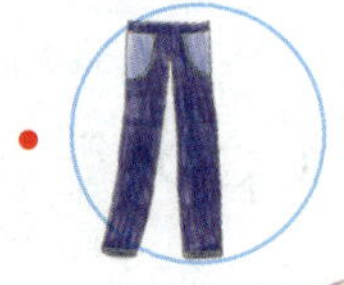

2. pzzia _ _ _ _ _

3. pckcoea _ _ _ _ _ _ _

4. eapch _ _ _ _ _

5. pnast _ _ _ _ _

6. pgae _ _ _ _

● 听录音，补全单词。
Listen and write down the missing letters to the sounds you hear.

① 

_ _ck

② 

pl_ _

③ 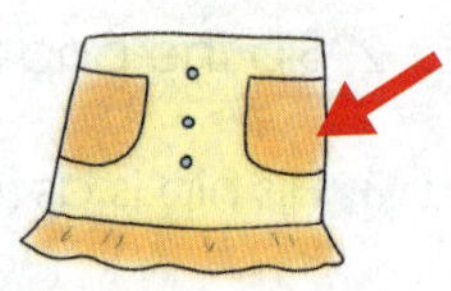

_ _cket

【赖老师讲发音】辅音/kw/发音时，首先短暂噘起双唇成圆圈，然后让双唇稍微张开，上下齿微分而不露；口形张开的过程中，气息快速喷出。

quiz
测试

quill
羽毛笔

Quick

quick
快的

quilt
被子

quiet
安静的

quack
鸭叫声

queen
王后

quarter
四分之一

5+5-5=?

question
问题

拼读天天练
Daily Practice Drills

● 三字母组合中，字母 q 在词首的拼读。
CVC blends with the letter *q* as the initial consonant.

a

qab	qad	qac
qaf	qan	qas
qat	qax	qaz

i

qid	qig	qil
qin	qis	qit
qiv	qix	qiz

o

qob	qod	qok
qom	qon	qop
qot	qox	qoz

e

qed	qef	qel
qem	qen	qeq
qes	qet	qev

● 试读下面发 q 音的常用单词。
Try reading these high frequency phonetic *q* words.

quag	quip	quit
quell	quest	quiver

练习
Exercise

● 听录音，重组字母。
Listen and unscramble the *q* words.

aqt qde iqd qva mqe

___ ___ ___ ___ ___

● 听录音，圈出首字母发 q 音的单词所对应的图片。
Listen and circle the pictures with a *q* sound at the beginning.

1

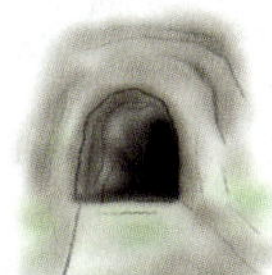

2

3

4

● 听录音，连线。
Listen and match the *q* words.

- quilt
- quack
- queen
- question
- quick
- quiz

练习
Exercise

纵横填字游戏
Crossword

横向
Across:

1  3  5

纵向
Down:

2  4  6

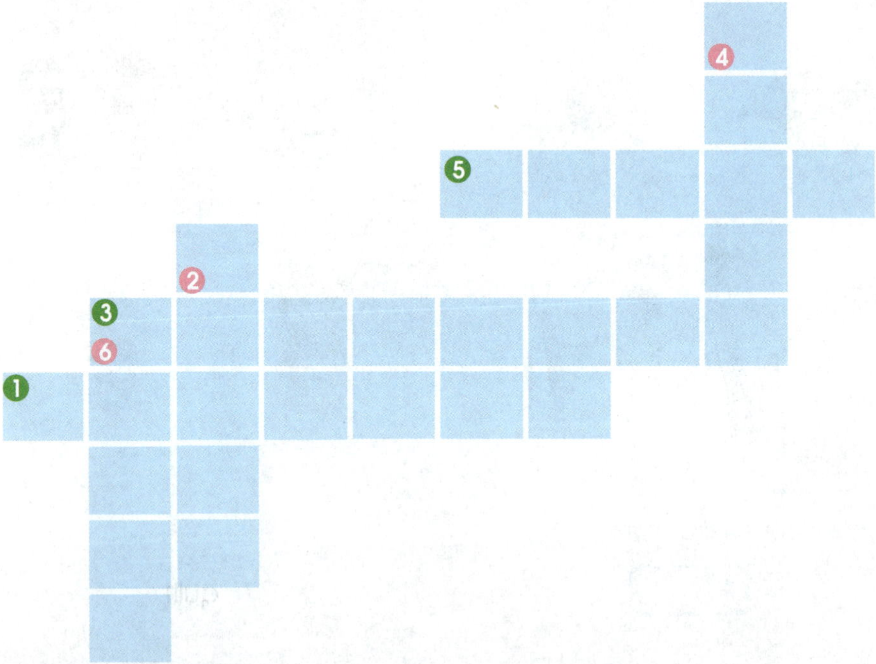

听录音，补全单词。
Listen and write down the missing letters to the sounds you hear.

1 qu ___

2 qu ___ ch

【赖老师讲发音】辅音/r/发音时，双唇张开并微微噘起，舌尖上扬，稍稍卷起，并振动声带，气息由舌头两侧出来。

red
红色的

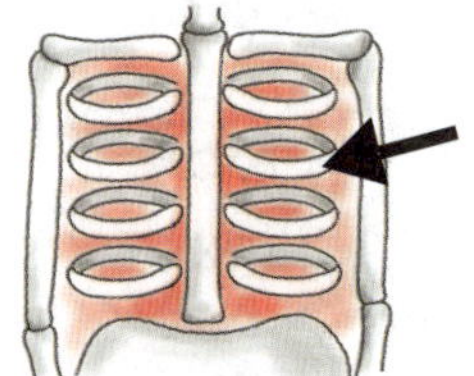

rib
肋骨

run
跑

ring
戒指

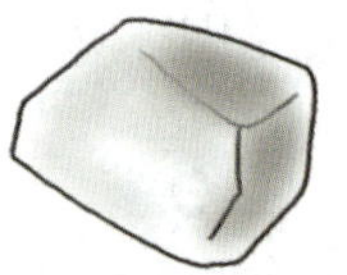

rock
岩石

rabbit
兔子

ranch
大牧场

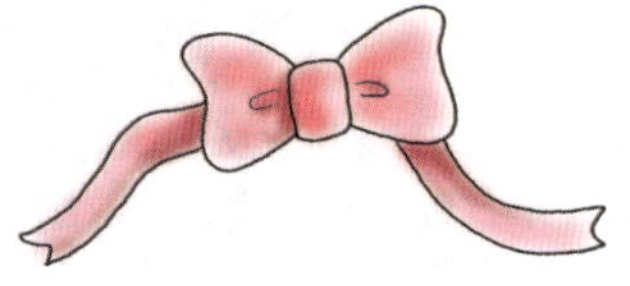

ribbon
丝带

rooster
公鸡

拼读天天练
Daily Practice Drills

● 三字母组合中，字母 r 在词首的拼读。
CVC blends with the letter *r* as the initial consonant.

a

rac	rag	ram
ran	rap	rat

i

rib	rid	rig
rim	rip	rit

o

rob	rod	rog
rot	rox	roz

u

rub	ruc	rug
rum	run	rut

e

red	rep	res
ret	rev	Rex

● 试读下面发 r 音的常用单词。
Try reading these high frequency phonetic *r* words.

raft	rent	rink
robin	rapid	rucksack

练习
Exercise

● 听录音，重组字母。
Listen and unscramble the *r* words.

tra　　ort　　rpi　　unr　　agr

_ _ _　_ _ _　_ _ _　_ _ _　_ _ _

● 听录音，选择词首发 r 音的单词。
Listen and choose the words with an *r* sound at the beginning.

( ) 1. a) run　b) lot　c) hop

( ) 2. a) nib　b) rap　c) leg

( ) 3. a) lip　b) red　c) zap

( ) 4. a) rug　b) hut　c) lab

( ) 5. a) pot　b) log　c) rod

● 听录音，连线。
Listen and match the *r* words.

练习
Exercise

字谜
Word Puzzle

m	r	i	b	b	o	n	q	v	s	r
c	w	o	v	y	j	x	a	w	v	a
k	j	r	o	c	k	r	i	n	g	n
z	q	e	p	s	w	x	q	s	k	c
r	a	b	b	i	t	a	x	p	z	h
s	w	e	w	g	s	e	g	o	s	j
x	a	s	y	b	o	z	r	s	a	w
o	j	y	o	n	j	r	n	z	m	o

听录音，补全单词。
Listen and write down the missing letters to the sounds you hear.

ro_i_

ra_t

r_cke_

r_ck__ck

【赖老师讲发音】清辅音/s/发音时，双唇微张，上下齿轻轻闭合，向外吹气，不振动声带；类似汉语拼音 s 的无声音。

sad
悲伤的

six
六

sun
太阳

sand
沙

sing
唱

salad
沙拉

stamp
邮票

seven
七

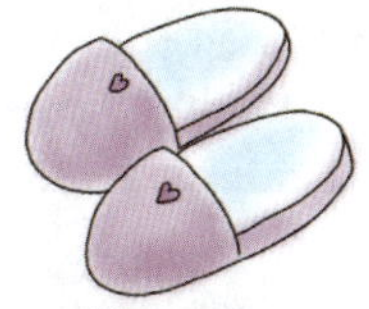

slippers
拖鞋

拼读天天练
Daily Practice Drills

● 三字母组合中，字母 s 在词首和词尾的拼读。
CVC blends with the letter *s* as the initial consonant and the ending consonant.

a

sad	sag	san
gas	has	pas

i

sib	sin	sip
fis	his	kis

o

sob	son	sop
dos	mos	pos

u

sub	sum	sun
bus	Gus	pus

e

sec	sep	set
bes	les	yes

● 试读下面发 s 音的常用单词。
Try reading these high frequency phonetic *s* words.

silk	smell	swim
sunny	scrap	subject

练习
Exercise

- 听录音，重组字母。
  Listen and unscramble the *s* words.

sha　　bsu　　isn　　tse　　ods

_ _ _　　_ _ _　　_ _ _　　_ _ _　　_ _ _

- 听录音，圈出词首发 s 音的单词。
  Listen and circle the words with an *s* sound at the beginning.

1. He sat on the sod.
2. Sam likes to sip on the suds.
3. Sid has a sis that plays the sax.
4. The sap is good to sip.
5. Sad Sam sat on the sub.

- 听录音，圈出词尾发 s 音的单词。
  Listen and circle the words with an *s* sound at the end.

1. The men are on the bus.
2. The car ran out of gas.
3. Gus picks up a bus.
4. She likes to say yes.
5. Cats do not like dogs.

练习
Exercise

● 听录音，补全单词。
Listen and write down the missing letters to the sounds you hear.

s__ __

s__ __

st__m__

s__b__ect

s__ __m

s__ __ll

● 听录音，写单词。
Listen and write down the words you hear.

__ __ __

2 
__ __ __

3 
__ __ __

【赖老师讲发音】辅音/t/发音时，先将双唇微开，舌尖抵住上齿龈，然后稍稍用力将舌尖弹开，不振动声带；类似汉语拼音t的无声音。

tap
水龙头

ten
十

tin
金属罐

taxi
出租车

tent
帐篷

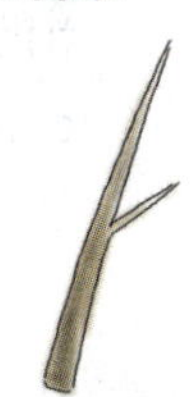

twig
细枝

truck
卡车

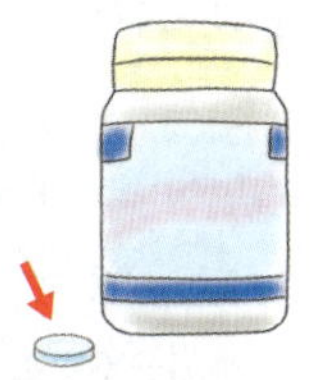

tablet
药片

tennis
网球

拼读天天练
Daily Practice Drills

● 三字母组合中，字母 t 在词首和词尾的拼读。
CVC blends with the letter *t* as the initial consonant and the ending consonant.

a

tab	tap	tax
fat	hat	rat

i

tic	tin	tip
bit	lit	sit

o

tog	ton	tot
cot	rot	wot

u

tub	tug	tun
cut	hut	rut

e

tec	teg	ten
let	wet	yet

● 试读下面发 t 音的常用单词。
Try reading these high frequency phonetic *t* words.

tell	text	tank
twist	tummy	traffic

练习
Exercise

● 听录音，重组字母。
Listen and unscramble the *t* words.

fta　　thu　　tto　　tpi　　yte

___　　___　　___　　___　　___

● 听录音，圈出词首发 t 音的单词。
Listen and circle the words with a *t* sound at the beginning.

1. He has a tan tux.
2. He can tip the tub.
3. The tick is in the tin.
4. Ted is ten years old.
5. He had to tug a top.

● 听录音，圈出词尾发 t 音的单词。
Listen and circle the words with a *t* sound at the end.

1. The bat is next to the hat.
2. The cat is running after the rat.
3. Matt bid for the jet.
4. Don't sit in the cart.
5. Let's rent the flat.

练习
Exercise

● 重组字母。
Unscramle the words with a *t* sound.

● 听录音，补全单词。
Listen and write down the missing letters to the sounds you hear.

【赖老师讲发音】辅音/v/发音时，上齿轻咬下唇内侧，再用力将气从唇齿的缝隙吹出来且振动声带。

van
小型货车

vet
兽医

vest
背心

vase
花瓶

villa
别墅

video
录像带

vacuum
真空吸尘器

volcano
火山

vegetables
蔬菜

拼读天天练
Daily Practice Drills

● 三字母组合中，字母 v 在词首的拼读。
CVC blends with the letter *v* as the initial consonant.

a

vac	vag	val
van	vas	vat

i

vic	vid	vim
vip	viv	viz

o

voc	vod	vol
von	vos	vox

u

vug	vul	vum
vun	vup	vut

e

veb	vel	ven
ves	vet	vex

● 试读下面发 v 音的常用单词。
Try reading these high frequency phonetic *v* words.

vast	vend	visit
vivid	valid	vomit

练习
Exercise

● 听录音，重组字母。
Listen and unscramble the *v* words.

vna civ tve oxv ivm

_ _ _ _ _ _ _ _ _ _ _ _ _ _ _

● 听录音，在词首发 v 音的单词所对应的图片下方打勾。
Listen and check the pictures with a *v* sound at the beginning.

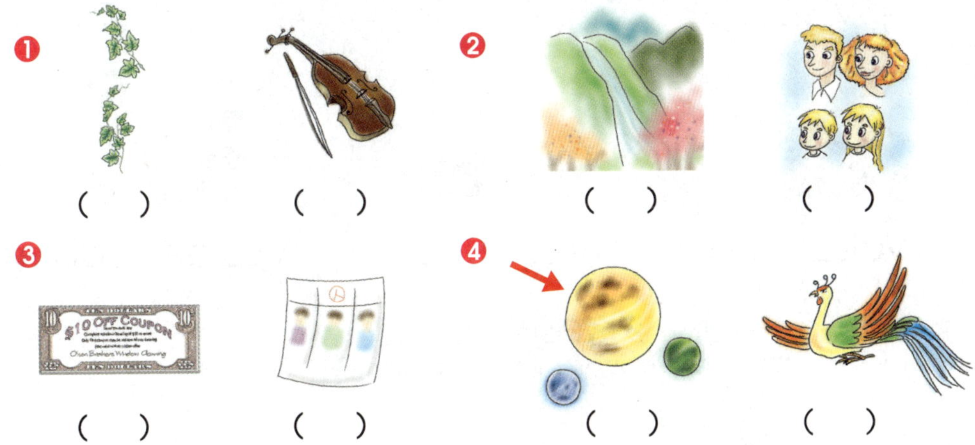

● 听录音，连线。
Listen and match the *v* words.

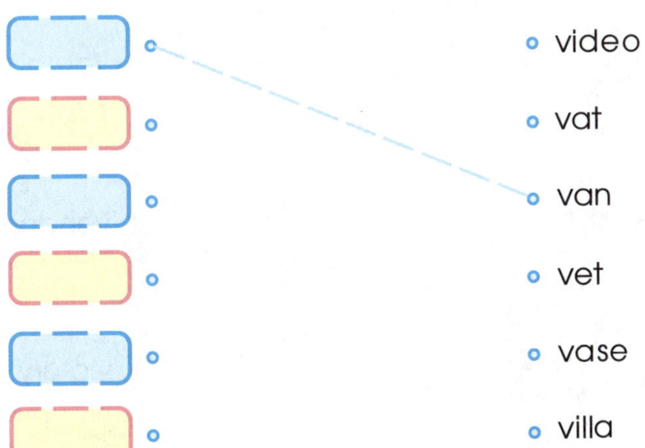

练习
Exercise

● 听录音，补全单词。
Listen and write down the missing letters to the sounds you hear.

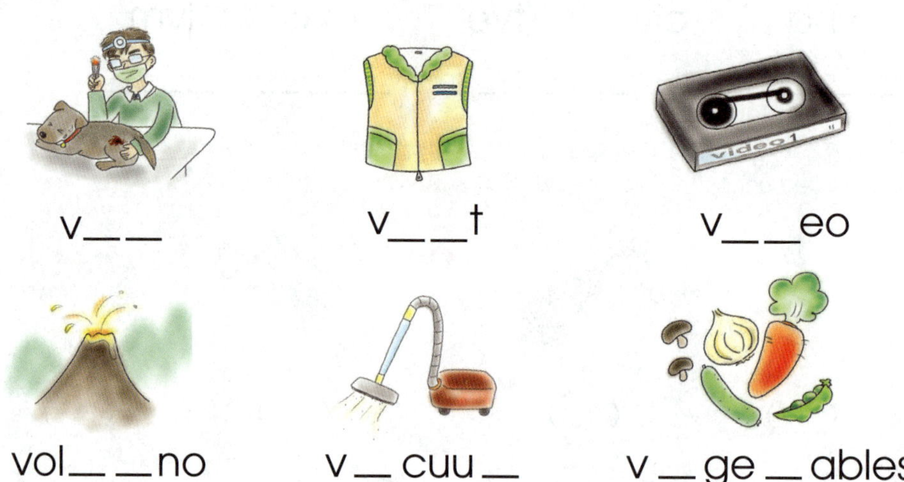

v__ __　　v__ __t　　v__ __eo

vol__ __no　　v__cuu__　　v__ge__ables

● 听录音，将下面的单词与对应的图片连线。
Listen and match the words with the right pictures.

1 • 　　• visit

2 • 　　• vampire

3 • 　　• vendor

4 • 　　• victory

【赖老师讲发音】辅音/w/发音时，双唇噘起成圆形，向前突出，且振动声带；类似汉语拼音 w 的发音。

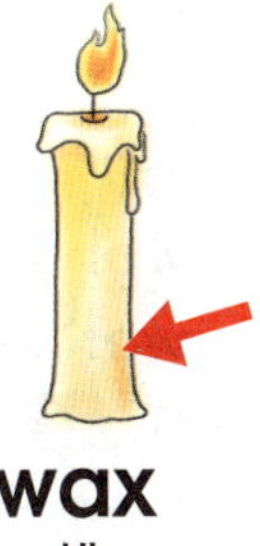

wax
蜡

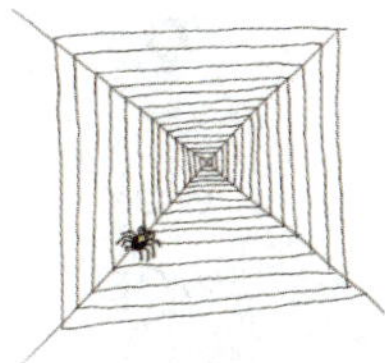

web
蜘蛛网

wig
假发

well
水井

wand
魔杖

wing
翅膀

wagon
四轮运货马车

wallet
钱包

window
窗

拼读天天练
Daily Practice Drills

● 三字母组合中，字母 w 在词首的拼读。
CVC blends with the letter *w* as the initial consonant.

a

wac	waf	wag
wak	wan	wax

i

wid	wig	wil
win	wis	wit

o

wog	wok	wol
won	wop	wot

u

wuc	wud	wuh
wul	wun	wup

e

web	wed	wef
wen	wep	wet

● 试读下面发 w 音的常用单词。
Try reading these high frequency phonetic *w* words.

wink	wind	west
wisp	wedlock	windmill

练习
Exercise

- 听录音，重组字母。
  Listen and unscramble the *w* words.

xaw ziw twe wde twi

_ _ _ _ _ _ _ _ _ _ _ _ _ _ _

- 听录音，在词首发 w 音的单词前方打勾。
  Listen and check the words with a *w* sound at the beginning.

1. ( ) wiz ( ) vac
2. ( ) men ( ) wet
3. ( ) nut ( ) won
4. ( ) wan ( ) vat
5. ( ) wit ( ) vim
6. ( ) nag ( ) wop

- 听录音，连线。
  Listen and match the *w* words.

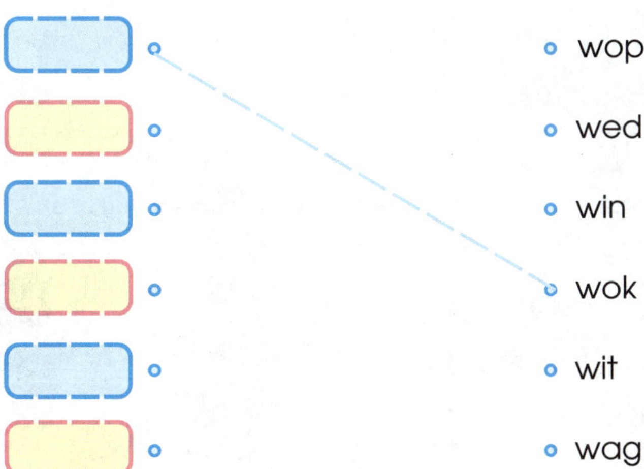

练习
Exercise

● 纵横填字游戏
Crossword

横向
Across:

1 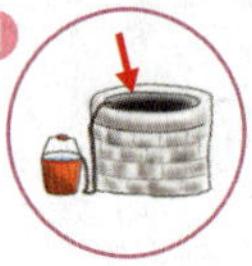
3 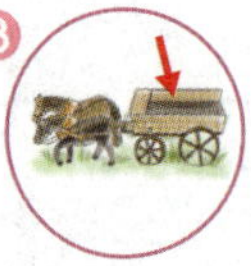
5 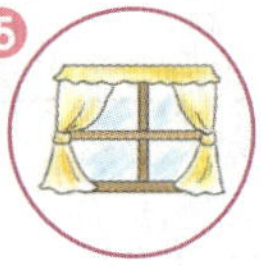

纵向
Down:

2 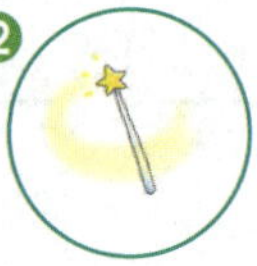
4 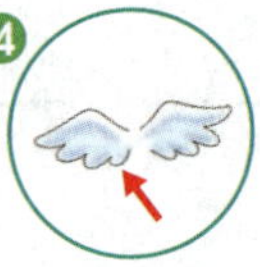
6 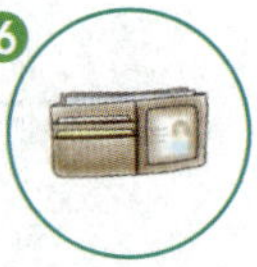

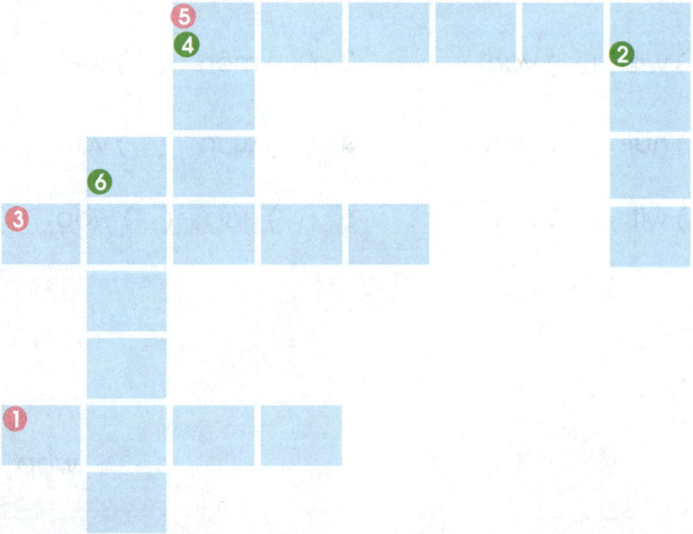

● 听录音，补全单词。
Listen and write down the missing letters to the sounds you hear.

1

w_n_

2

w_ _t

3

w_dl_ck

4

wi_ _er

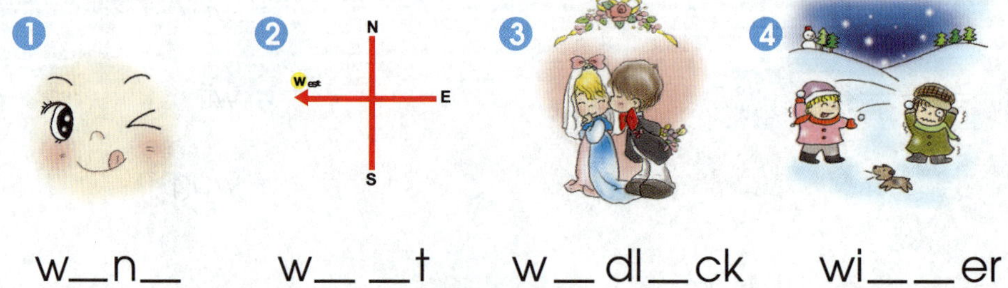

【赖老师讲发音】辅音/ks/发音时，先发/k/的音，再发/s/的音；两者连成一气，不中断且不振动声带。

Xmas
圣诞节

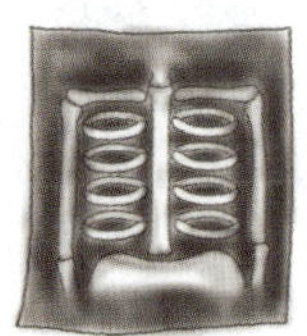

X-ray
X光片

XL
特大号

X-man
超人

box
箱子

fax
传真机

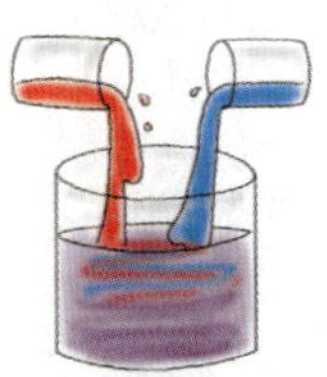

mix
混合

Rex
雷克斯

tux
男式礼服

拼读天天练
Daily Practice Drills

● 三字母组合中，字母 x 在词首和词尾的拼读。
CVC blends with the letter *x* as the initial consonant and the ending consonant.

a

xac	xag	xam
xat	fax	lax
max	tax	wax

i

xig	xin	xis
xiv	fix	mix
nix	pix	six

o

xoc	xol	xon
xot	fox	lox
pox	sox	vox

u

xuc	xug	xuz
dux	gux	hux
jux	lux	tux

e

xeb	xel	xed
xen	xes	hex
rex	sex	vex

练习
Exercise

● 听录音，重组字母。
Listen and unscramble the *x* words.

amx ___ hxe ___ utx ___ pxo ___ ixp ___

● 听录音，圈出词首发 x 音的单词所对应的图片。
Listen and circle the pictures with an *x* sound at the beginning.

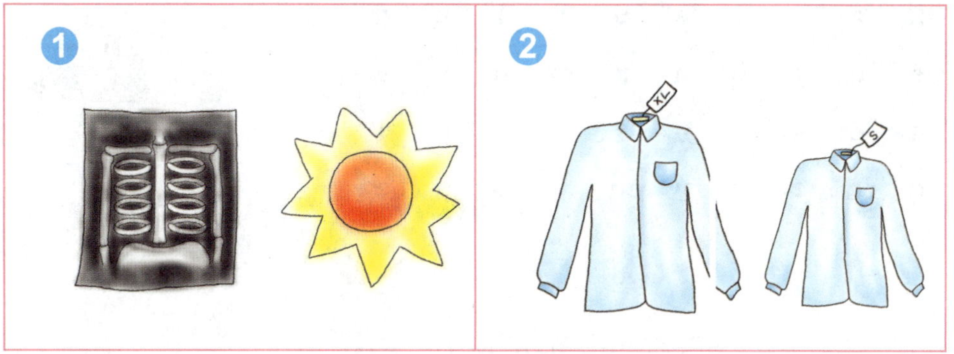

● 听录音，选出词尾发 x 音的单词。
Listen and choose the words with an *x* sound at the end.

( ) 1. a) yes b) biz c) pix

( ) 2. a) bus b) tax c) fez

( ) 3. a) fax b) his c) rags

( ) 4. a) mix b) fuzz c) this

( ) 5. a) jazz b) lens c) lynx

练习
Exercise

字谜
Word Puzzle

a	t	u	x	w	v	p	o	l	m
m	z	p	l	d	m	i	x	t	w
f	w	o	r	e	x	o	m	z	i
w	e	z	a	p	a	y	a	n	x
r	p	t	y	j	q	d	s	f	b
k	z	q	i	e	p	r	l	a	g
s	h	j	b	o	x	m	n	x	v
e	o	s	t	e	f	l	x	w	l
g	r	z	g	y	m	v	o	g	z

听录音，将下面的图片与对应的单词连线。
Listen and match the pictures with the right words.

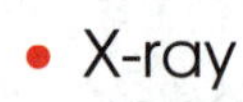

- X-ray
- XL
- X-man

【赖老师讲发音】辅音/j/发音时，双唇微开，舌尖轻轻抵住下齿龈，舌头中间的部位翘起，振动声带，用力发出如汉语拼音y的短促有声音。

yak 牦牛	 **yes** 是的	**yam** 甘薯
yolk 蛋黄	**yawn** 打哈欠	**yard** 院子
yo-yo 溜溜球	**young** 年轻的	**yellow** 黄色的

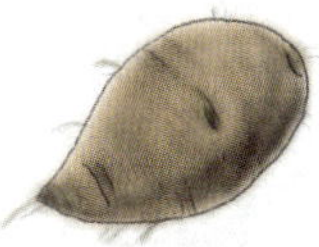

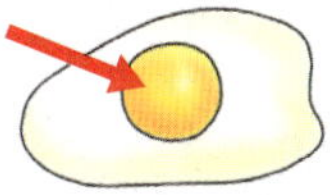

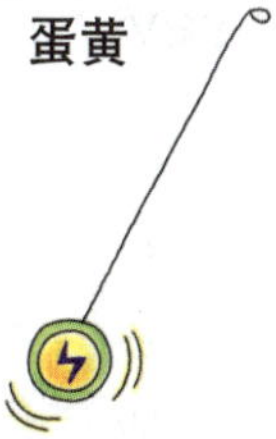

拼读天天练
Daily Practice Drills

● 三字母组合中，字母 y 在词首的拼读。
CVC blends with the letter *y* as the initial consonant.

a

yab	yag	yak
yam	yap	yat

i

yib	yid	yik
yin	yip	yis

o

yob	yoc	yog
yom	yon	yot

u

yuc	yud	yug
yuk	yum	yup

e

yel	yen	yep
yes	yet	yev

● 试读下面发 y 音的常用单词。
Try reading these high frequency phonetics *y* words.

yell	yelp	yank
yuck	yummy	yesterday

练习
Exercise

● 听录音，重组字母。
Listen and unscramble the *y* words.

mya　　sey　　yno　　nyi　　pyu

___ ___ ___ ___ ___

● 听录音，在词首发 y 音的单词所对应的图片下面打勾。
Listen and check the pictures with a *y* sound at the beginning.

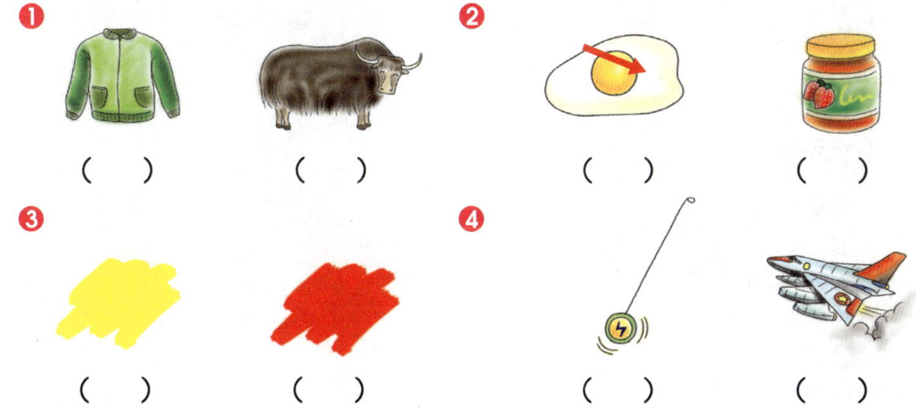

● 听录音，连线。
Listen and match the *y* words.

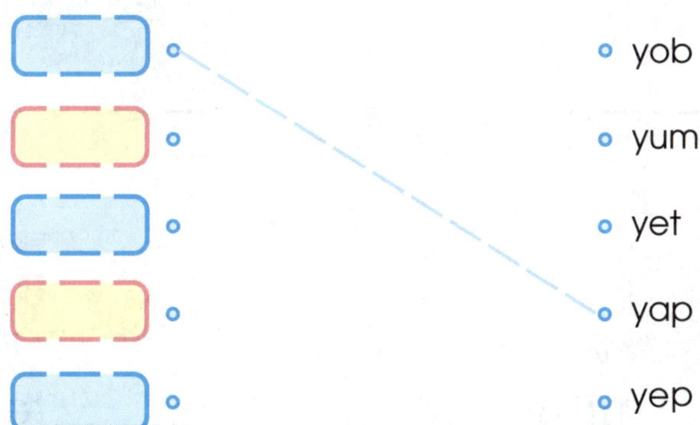

练习
Exercise

● 听录音，将下面的单词与对应的图片连线。
Listen and match the words with the right pictures.

1. yak
2. yard
3. young
4. yawn
5. yes

● 听录音，补全单词。
Listen and write down the missing letters to the sounds you hear.

❶ 

_ _ _ _

❷ 

_ _ _ _

❸ 

_ _ mmy

❹ 

_ _ _ terday

Z z

【赖老师讲发音】辅音/z/发音时，双唇微开，上下齿轻轻闭合，向外吹气，且振动声带。

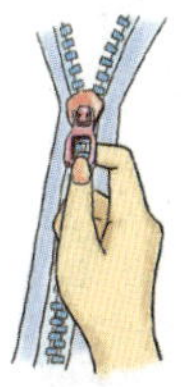

zip
拉链

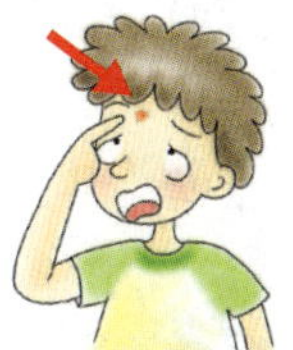

zit
丘疹

zoo
动物园

zero
零

zebra
斑马

zodiac
黄道带

Zeus
宙斯

zigzag
Z字形

zombie
僵尸

拼读天天练
Daily Practice Drills

● 三字母组合中，字母 z 在词首和词尾的拼读。
CVC blends with the letter *z* as the initial consonant and the ending consonant.

a

zab	zac	zag
zan	zap	baz
caz	daz	faz

i

zig	zih	zil
zin	zip	zit
biz	hiz	jiz

o

zod	zom	zon
zop	zoq	moz
noz	poz	soz

u

zuc	zut	zuv
zux	zuz	buz
tuz	vuz	wuz

e

zeb	zec	zed
zeg	zen	bez
fez	hez	jez

练习
Exercise

● 听录音，重组字母。
Listen and unscramble the *z* words.

zpi　　nze　　azp　　ibz　　fze

_ _ _　_ _ _　_ _ _　_ _ _　_ _ _

● 听录音，在词首发 z 音的图片下方打勾。
Listen and check the pictures with a *z* sound at the beginning.

(　)　(　)　(　)　(　)

● 听录音，将下列词首或词尾发 z 音的单词连线。
Listen and match the words with a *z* sound at the beginning or at the end.

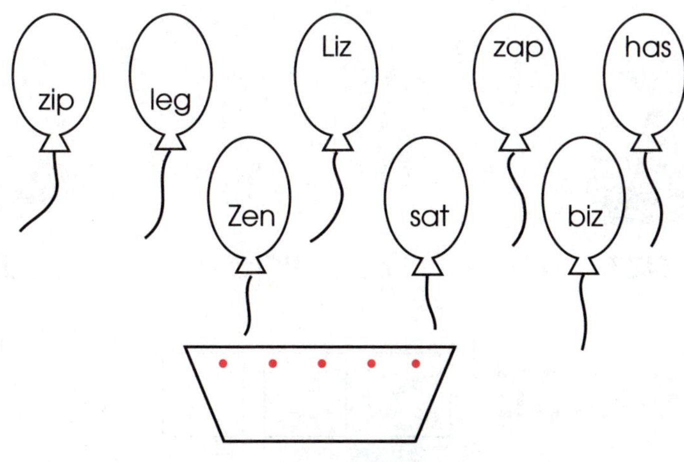

练习
Exercise

字谜
Word Puzzle

v	z	u	a	l	m	x	e	g	o
x	m	o	f	s	e	z	s	n	r
s	z	d	o	f	z	e	b	r	a
z	i	p	o	x	p	r	d	q	d
f	t	e	f	t	q	o	f	n	w
s	c	t	z	i	g	z	a	g	m
b	q	z	t	r	w	s	m	y	f

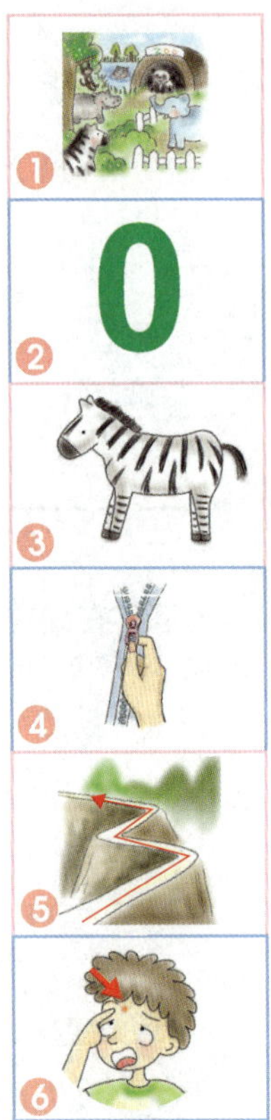

听录音，补全单词。
Listen and write down the missing letters to the sounds you hear.

1. __azz
2. z__diac
3. __uzz

GOOD    !

中级
Intermediate Phonics

在 a_e 结构的单词中，a 发长元音 /eɪ/（类似字母 a 的发音），e 不发音。
When a word has an *a_e* in it, the *a* is long, like saying the letter *a*, and the *e* is silent.

bake
烤

cake
蛋糕

gate
大门

lake
湖

maze
迷宫

name
名字

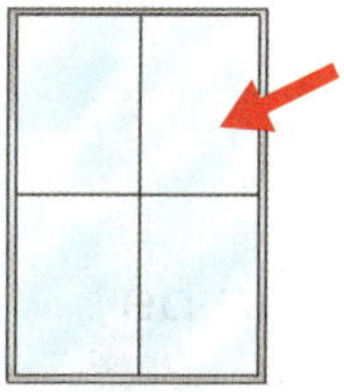

pane
窗格

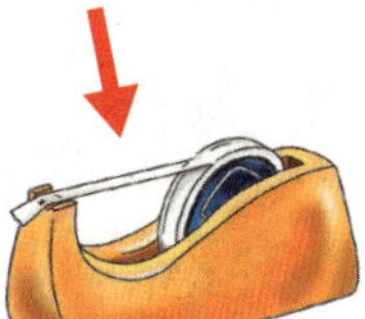

tape
胶带

vase
花瓶

拼读天天练
Daily Practice Drills

● 练习朗读下面含有 a_e 结构的单词。
Practice reading words spelled with *a_e*.

bake	game	nape
bale	gate	pale
base	gave	pane
bate	gaze	rake
cake	hale	rate
cane	hate	rave
cape	haze	raze
case	jade	safe
cave	lake	sage
date	lane	sale
Dave	late	save
daze	laze	take
fade	make	tale
fame	mate	vase
fate	name	wake

● 试着大声读出下面的单词。
Try reading these tough *a_e* words out loud.

brake	crane	drape
flake	grape	plate

练习
Exercise

- 圈出下面每个句子中发长元音 a 的单词。
  Circle the *long a* words in each sentence.

1. Don't put tape on the game.
2. We will have a bake sale.
3. I will rake the leaves at the lake.
4. Her name is Jane.
5. I hate the cave that Dave went into.

- 读一读，选出下面发长元音 a 的单词。
  Read and choose the words with a *long a* sound.

1. fat	fate	2. mate	mat
3. cape	cap	4. hat	hate
5. fade	fad	6. tape	tap
7. pane	pan	8. same	Sam

- 听录音，连线。
  Listen and match the *a_e* words.

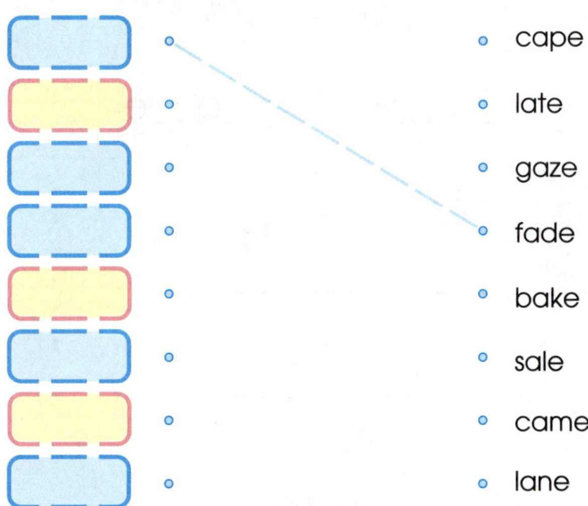

练习
Exercise

- 看图，写出 a_e 结构的单词。
  Look and write the words spelled with *a_e*.

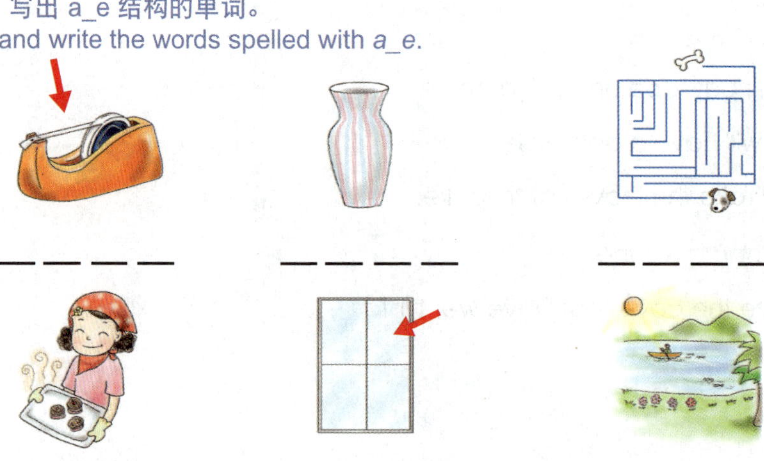

- 听录音，补全单词。
  Listen and write the missing letters to the words you hear.

1 _a_e　2 _a_e　3 _a_e　4 _a_e

- 给下列单词词尾加上 e，使其发长元音 a。
  Give these words a *long a* sound by adding an ending *e*.

1. fad ____________________
2. fat ____________________
3. cap ____________________
4. tap ____________________
5. pal ____________________

在含有 ai 结构的单词中，a 发长元音 /e/（类似字母 a 的发音），i 不发音。
When a word has an *ai* in it, the *a* is long, like saying the letter *a*, and the *i* is silent.

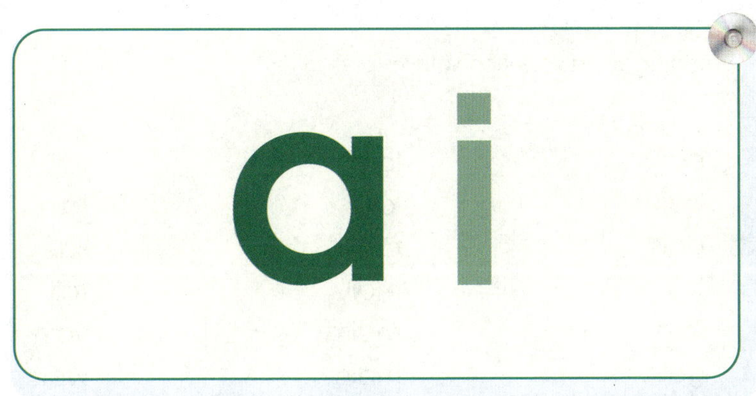

bait
诱饵

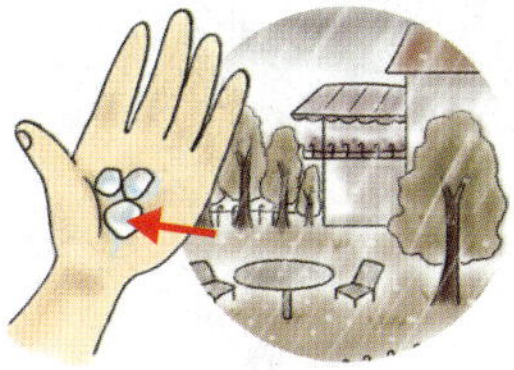

hail
冰雹

jail
监狱

maid
女仆

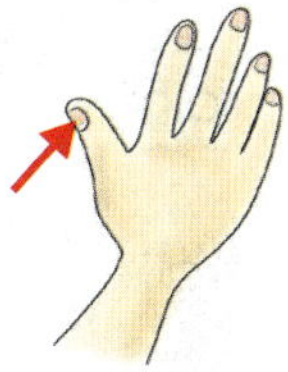

nail
指甲

pail
桶

rain
雨

sail
帆

tail
尾巴

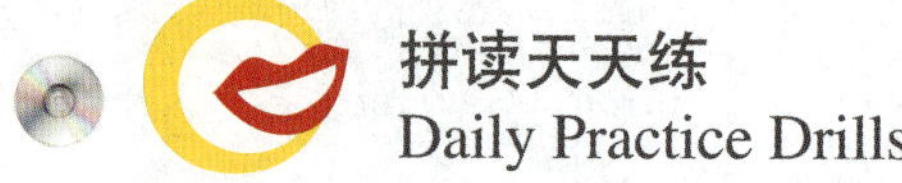

拼读天天练
Daily Practice Drills

● 练习朗读下面含有 ai 结构的单词。
Practice reading words spelled with *ai*.

bail	laid	rail
bait	lain	rain
dais	maid	sail
fail	mail	tail
fain	maim	vain
gain	main	waif
gait	paid	wail
hail	pail	wain
jail	pain	wait
laic	raid	

● 试着大声读出下面的单词。
Try reading these tough *ai* words out loud.

braid	faint	paint
snail	trait	waist

练习
Exercise

● 听录音，重组字母。
Listen and unscramble these *ai* words.

btai	aitl	pdai	ainr	aisl
____	____	____	____	____

● 圈出下面每个句子中发长元音 a 的单词。
Circle the *long a* words in each sentence.

1. The maid got paid for the job.
2. Don't go for a sail when it rains.
3. You need bail if you go to jail.
4. I sent my mail by rail.
5. If you see hail, get a pail.

● 读一读，选出发长元音 a 的单词。
Read and choose the words with a *long a* sound.

( ) 1. a) man b) main ( ) 2. a) laid b) lad

( ) 3. a) hail b) hall ( ) 4. a) ran b) rain

( ) 5. a) vain b) van ( ) 6. a) fall b) fail

● 听录音，连线。
Listen and match the *ai* words.

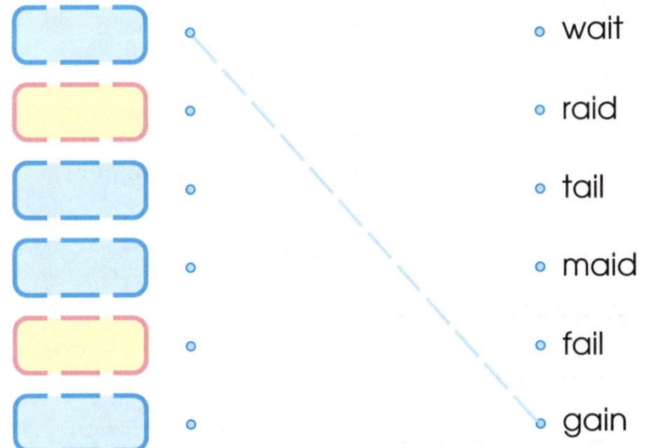

练习
Exercise

● 重组字母，并连线。
Unscramble and match.

1. rnai ＿ ＿ ＿ ＿
2. aiml ＿ ＿ ＿ ＿
3. btai ＿ ＿ ＿ ＿
4. ails ＿ ＿ ＿ ＿

● 听录音，写单词。
Listen and write down the words you hear.

● 给下列单词中间加上一个 i，使其发长元音 a。
Give these words a *long a* sound by adding an *i* in the middle.

1. mad ______________
2. ran ______________
3. bat ______________
4. pal ______________

● 在含有 ay 结构的单词中，a 发长元音 /eɪ/（类似字母 a 的发音），y 不发音。
When a word has an *ay* in it, the *a* is long, like saying the letter *a*, and the *y* is silent.

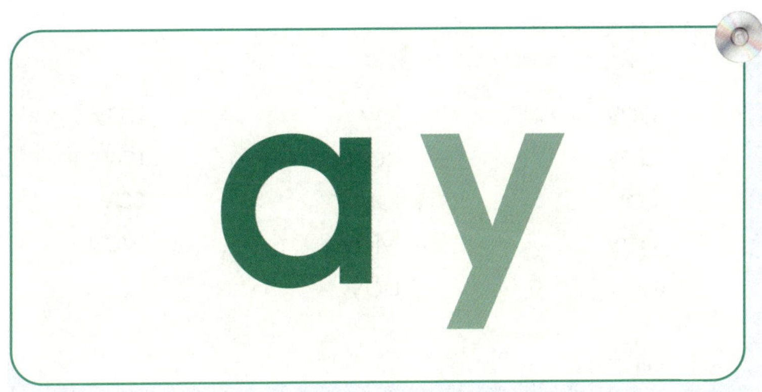

bay
海湾

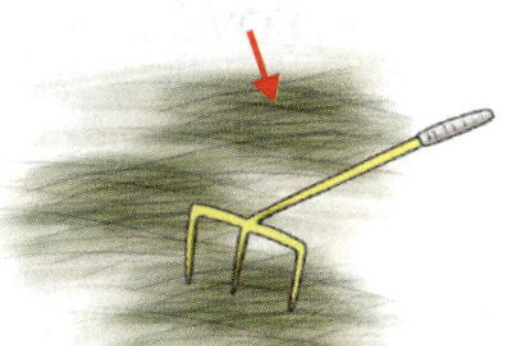

hay
干草

May
五月

lay
躺下

pay
支付

ray
光线

way
道路

jay
松鸦

Fay
小仙女

拼读天天练
Daily Practice Drills

● 练习朗读下面含有 ay 结构的单词。
Practice reading words spelled with *ay*.

bay	jay	pay
day	kay	ray
Fay	lay	say
gay	May	way
hay	nay	

● 试着大声读出下面的单词。
Try reading these tough *ay* words out loud.

clay	flay	gray
play	quay	stay

练习
Exercise

● 圈出下面每个句子中发长元音 a 的单词。
Circle the *long a* words in each sentence.

1. Matt must pay for the hay.
2. I will say the way to my house.
3. In May, the boats will be on the bay.
4. Fay and Kay saw a jay.
5. I lay in the sun ray.

● 读一读，选出发长元音 a 的单词。
Read and choose the words with a *long a* sound.

( ) 1. a) pat b) pay ( ) 2. a) may b) mat

( ) 3. a) say b) sad ( ) 4. a) was b) way

( ) 5. a) Fay b) fat ( ) 6. a) lap b) lay

( ) 7. a) bat b) bay ( ) 8. a) jay b) jam

听录音，连线。
Listen and match the *ay* words.

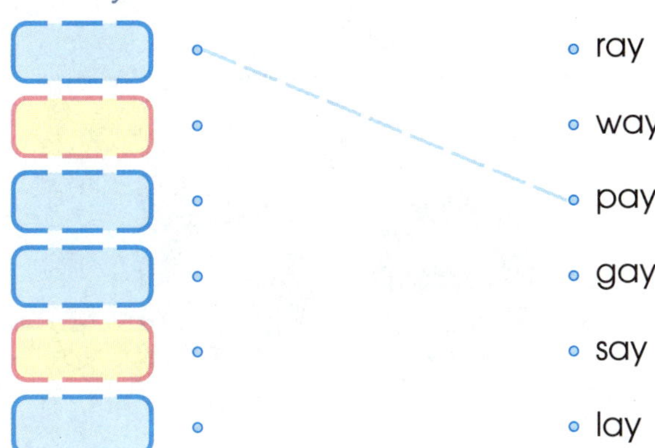

练习
Exercise

听录音，重组字母。
Listen and unscramble these *ay* words.

ysa ___ ___ ___

ayw ___ ___ ___

bya ___ ___ ___

aly ___ ___ ___

ady ___ ___ ___

看图，写出每幅图对应的含有长元音 a 的单词。
Look and write the *long a* words for each picture.

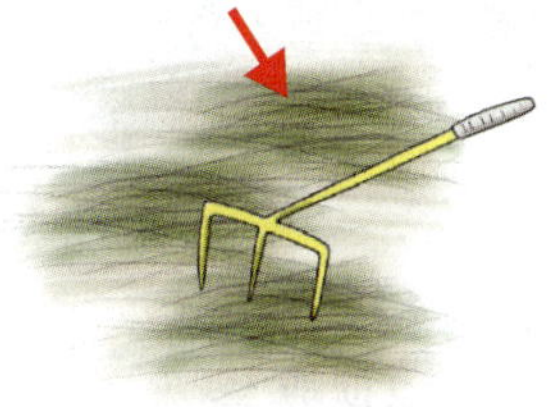

___ ___ ___

___ ___ ___

___ ___ ___

将下列单词词尾的辅音字母变为 y，使其发长元音 a。
Give these words a *long a* sound by changing the ending consonants to *y*.

1. mad ______
2. ran ______
3. bat ______
4. pal ______
5. fat ______

在含有 ea 结构的单词中，e 发长元音 /i/（类似字母 e 的发音），a 不发音。
When a word has an *ea* in it, the *e* is long, like saying the letter *e*, and the *a* is silent.

tea
茶

sea
海

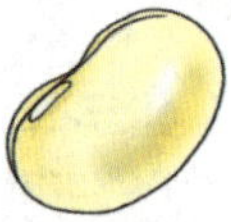

bean
豆

leap
跳跃

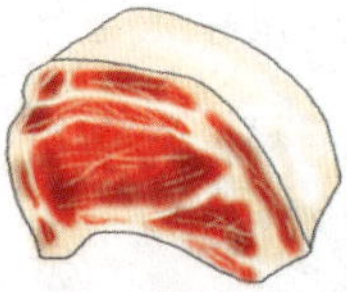

meat
肉

peak
顶峰

seal
海豹

team
团队

weak
虚弱的

拼读天天练
Daily Practice Drills

练习朗读下面含有 ea 结构的单词。
Practice reading words spelled with *ea*.

bead	jean	pea	tea
beak	lead	peak	teak
beam	leaf	peal	teal
bean	leak	peat	team
beat	lean	read	veal
deal	leap	ream	weak
dean	mead	reap	weal
feat	meal	sea	wean
heal	mean	seal	
heap	meat	seam	
heat	neat	seat	

试着大声读出下面的单词。
Try reading these tough *ea* words out loud.

stream	cream	beast
speak	dream	pleat

练习
Exercise

● 听录音，重组字母。
Listen and unscramble these *ea* words.

kbea　　prea　　tefa　　aejn　　mlea

_____ _____ _____ _____ _____

● 圈出下面每个句子中发长元音 e 的单词。
Circle the *long e* words in each sentence.

1. I can read the tea box.
2. He can leap on the seat.
3. The team eats meat.
4. The deal is to fix the leak.
5. The seal is in the sea.

● 读一读，选出发长元音 e 的单词。
Read and choose the words with a *long e* sound.

1. bed	bead	2. deal	del
3. Jen	jean	4. led	lead
5. meal	Mel	6. net	neat
7. peat	pet	8. red	read

练习
Exercise

● 听录音，圈出含有长元音 e 的单词所对应的图。
Listen and circle the pictures with a *long e* sound.

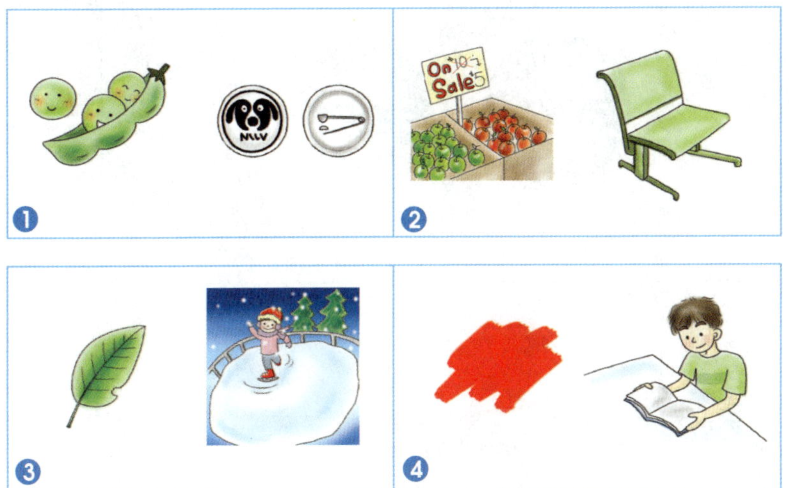

● 听录音，写单词。
Listen and write down the words you hear.

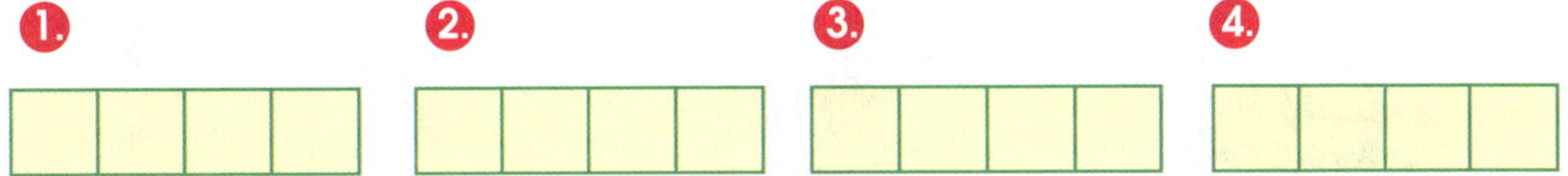

● 在下列单词中间加一个 a，使其发长元音 e。
Give these words a *long e* sound by adding an *a* in the middle.

1. bed ________
2. met ________
3. led ________
4. jen ________
5. red ________

在含有 ee 结构的单词中，第一个 e 发长元音 /i/（类似字母 e 的发音），第二个 e 不发音。

When a word has an *ee* in it, the first *e* is long, like saying the letter *e*, and the second *e* is silent.

bee
蜜蜂

beef
牛肉

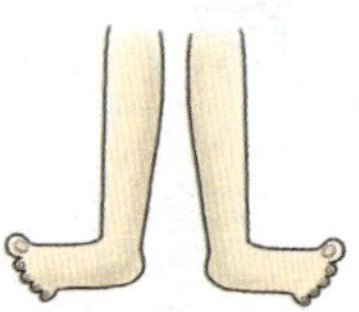

feet
脚

jeep
吉普车

heel
鞋后跟

meet
会面

peel
果皮

seed
种子

MON	TUE	WED	THU	FRI	SAT	SUN
1	2	3	4	5	6	7

week
周

拼读天天练
Daily Practice Drills

● 练习朗读下面含有 ee 结构的单词。
Practice reading words spelled with *ee*.

bee	keel	reed
beef	keen	reef
beep	keep	reek
beet	lee	reel
deed	leek	see
deem	meed	seed
deep	meek	seen
fee	meet	tee
feed	nee	teem
feel	need	teen
feet	pee	wee
heed	peek	weed
heel	peel	week
jeep	peep	weep

● 试着大声读出下面的单词。
Try reading these tough *ee* words out loud.

tree	green	street
fleet	creep	steer

练习
Exercise

● 听录音，重组字母。
Listen and unscramble these *ee* words.

sdee	fete	eedw	emet	eelr
_ _ _ _	_ _ _ _	_ _ _ _	_ _ _ _	_ _ _ _

● 圈出下面每个句子中发长元音 e 的单词。
Circle the *long e* words in each sentence.

1. Can you see the bee?
2. Lee can see the weed.
3. Use your feet to feel.
4. My jeep goes beep, beep, beep.
5. I gave him beets and beef all week.

● 读一读，圈出发长元音 e 的单词。
Read and circle the words with a *long e* sound.

1. fell	feel	2. beef	bet
3. red	reed	4. Ken	keen
5. met	meet	6. weed	wed
7. ten	teen	8. bed	bee

练习
Exercise

● 听录音，将下面的图片与对应的单词连线。
Listen and match the pictures with the correct words.

❶ ❷ 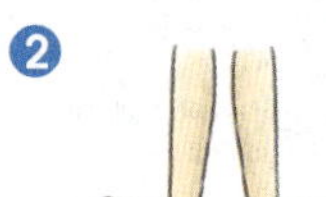 ❸   ❹ 

seed　　peel　　jeep　　feet

● 听录音，选择含有长元音 e 的单词。
Listen and choose the *long e* words.

(　) 1.	a) see	b) red	c) gig
(　) 2.	a) met	b) lip	c) heed
(　) 3.	a) fit	b) need	c) bait
(　) 4.	a) lay	b) teen	c) jet
(　) 5.	a) feel	b) bell	c) sale

● 在下列字母组合中间加一个 e，使其发长元音 e。
Give these blends a *long e* sound by adding an *e* in the middle.

1. fed ________　　2. met ________
3. hel ________　　4. jep ________
5. pel ________

在含有 i_e 结构的单词中，i 发长元音 /aɪ/（类似字母 i 的发音），e 不发音。
When a word has an *i_e* in it, the *i* is long, like saying the letter *i*, and the *e* is silent.

拼读天天练
Daily Practice Drills

● 练习朗读下面含有 i_e 结构的单词。
Practice reading words spelled with *i_e*.

bide	jibe	pine	tike
bike	jive	pipe	tile
bile	kite	ride	time
bine	life	rife	tine
bite	like	rile	vibe
dime	lime	rime	vile
dine	line	ripe	vine
dive	live	rise	vise
file	Mike	rite	wide
fine	mile	rive	wife
fire	mime	side	wile
hide	mine	sire	wine
hike	mite	site	wipe
hire	pike	size	wise
hive	pile	tide	

● 试着大声读出下面的单词。
Try reading these tough *i_e* words out loud.

drive	bride	glide
smile	prize	stride

练习
Exercise

● 听录音，重组字母。
Listen and unscramble these *i_e* words.

btie　　swie　　veji　　sdie　　mnei

_ _ _ _　_ _ _ _　_ _ _ _　_ _ _ _　_ _ _ _

● 圈出下面每个句子中发长元音 i 的单词。
Circle the *long i* words in each sentence.

1. It was time to ride his bike.
2. We had to hide on the hike with Mike.
3. The line on the side will rise.
4. The ripe lime is fine.
5. The wise file is mine.

● 读一读，选出发长元音 i 的单词。
Read and choose the words with a *long i* sound.

(　　)	1. a) bide	b) bid	c) bit
(　　)	2. a) fine	b) vim	c) min
(　　)	3. a) tin	b) time	c) dim
(　　)	4. a) sit	b) zip	c) site
(　　)	5. a) rid	b) ride	c) rip

练习
Exercise

● 纵横填字游戏
Crossword

横向
Across:

纵向
Down:

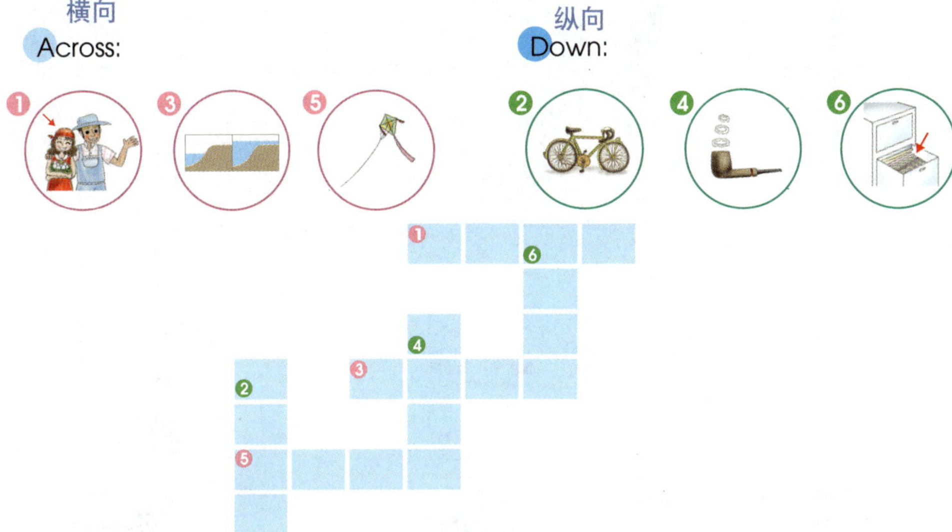

● 听录音，将下面的图片与对应的单词连线。
Listen and match the pictures with the correct words.

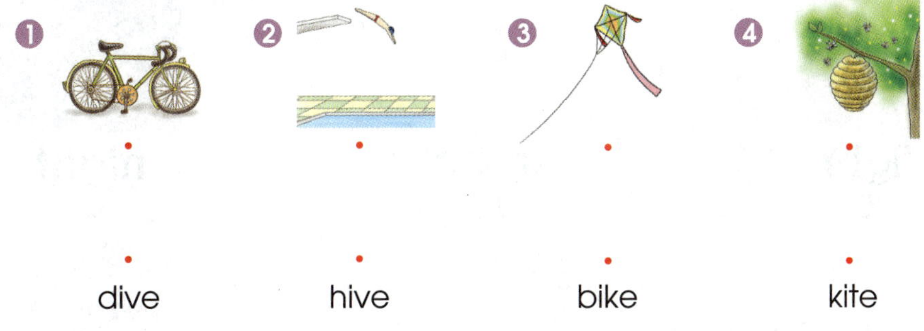

dive　　hive　　bike　　kite

● 在下列单词词尾加一个 e，使其发长元音 i。
Give these words a *long i* sound by adding an ending *e*.

1. bit ________　2. dim ________　3. sit ________
4. rip ________　5. fin ________

在含有 igh 结构的单词中，i 发长元音 /aɪ/（类似字母 i 的发音），gh 不发音。
When a word has the three letters *igh*, the *i* is long, like saying the letter *i*, and the *gh* is silent.

high
高的

sigh
叹气

fight
打架

light
光

might
力量

night
夜

right
右边的

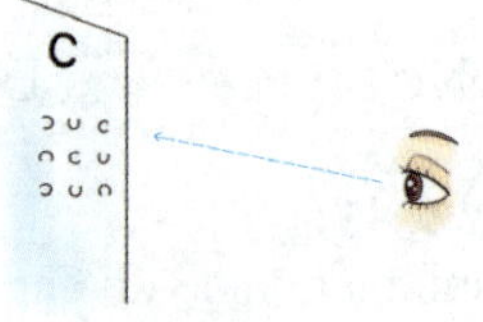

sight
视力

tight
紧的

拼读天天练
Daily Practice Drills

● 练习朗读下面含有 igh 结构的单词。
Practice reading words spelled with *igh*.

bight	night
fight	right
high	sigh
light	sight
might	tight

● 试着大声读出下面的单词。
Try reading these tough *igh* words out loud.

bright	flight	fright
insight	slight	plight

练习
Exercise

● 听录音，重组字母。
Listen and unscramble these *igh* words.

ltigh　　ghsi　　bitgh　　ghfit　　ghhi

______　____　______　______　_____

● 圈出下面每个句子中发长元音 i 的单词。
Circle the *long i* words in each sentence.

1. He lit the bright light.
2. The fight was at night.
3. To the right there is a bight.
4. She might look up high.
5. He will sigh at the sight.

● 读一读，选出发长元音 i 的单词。
Read and choose the words with a *long i* sound.

1. hit high
2. nit night
3. bit bight
4. lit light
5. might mitt
6. fit fight

练习 Exercise

● 看图，重组字母。
Look and unscramble the *igh* words.

1. 
lgiht
_ _ _ _ _

2. 
nhitg
_ _ _ _ _

3. 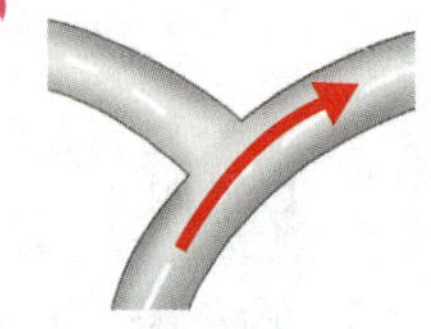
tghri
_ _ _ _ _

4. 
mitgh
_ _ _ _ _

5. 
ifhtg
_ _ _ _ _

6. 
ghtit
_ _ _ _ _

● 在下列字母组合的 i 后面加上 gh，使其发长元音 i。
Give these blends a *long i* sound by adding *gh* after the letter *i*.

1. bit ________
2. mit ________
3. rit ________
4. nit ________
5. sit ________

在含有 o_e 结构的单词中，o 发长元音 /o/（类似字母 o 的发音），e 不发音。
When a word has an *o_e* in it, the *o* is long, like saying the letter *o*, and the *e* is silent.

bone
骨头

cone
圆锥形蛋卷筒

hole
洞

mole
鼹鼠

note
笔记

rose
玫瑰

tone
语调

vote
投票

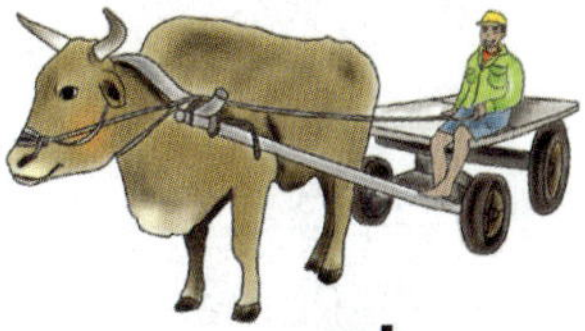

yoke
牛轭

拼读天天练
Daily Practice Drills

● 练习朗读下面含有 o_e 结构的单词。
Practice reading words spelled with *o_e*.

bone	hole	node	rove
code	home	nope	sole
coke	hone	nose	sore
cone	hope	note	tome
cope	hose	poke	tone
core	hove	pole	tope
cote	joke	pope	tore
cove	Jove	pore	tote
doge	lode	pose	vole
dole	lone	robe	vote
dome	lore	rode	woke
dose	mode	role	wore
dope	mole	rope	wove
dote	more	rose	yoke
doze	mote	rote	yore

● 试着大声读出下面的单词。
Try reading these tough *o_e* words out loud.

broke	close	froze
Rome	stove	quote

练习
Exercise

● 听录音，重组字母。
Listen and unscramble these *o_e* words.

okje　　rpoe　　vewo　　deoz　　cpoe

_ _ _ _　_ _ _ _　_ _ _ _　_ _ _ _　_ _ _ _

● 圈出下面每个句子中发长元音 o 的单词。
Circle the *long o* words in each sentence.

1. He rode to get a cone.
2. The dog had a bone in a hole by the pole.
3. Do not put the hose on the rose.
4. Rome will vote for a pope.
5. The mole was eating the robe in my home.

● 听录音，选出发同一长元音 o 的单词。
Listen and choose the words that have the same *long o* sounds.

(　) 1. a) pot　　b) pole　　c) role
(　) 2. a) hose　　b) mop　　c) nose
(　) 3. a) woke　　b) bone　　c) hop
(　) 4. a) rope　　b) joke　　c) lot
(　) 5. a) cove　　b) rod　　c) dome

练习
Exercise

● 听录音，圈出发长元音 o 的单词所对应的图片。
Listen and circle the pictures with a *long o* sound.

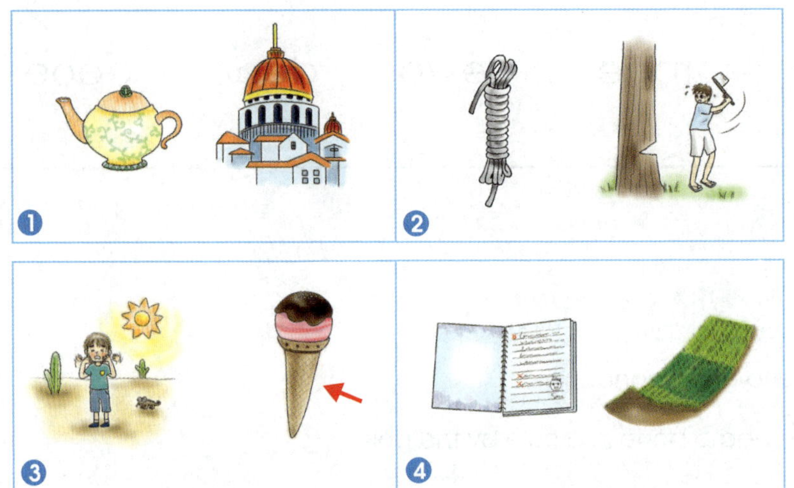

● 听录音，补全单词。
Listen and write the missing letters to the words you hear.

_o_e _o_e _o_e _o_e

● 给下列单词词尾加上一个 e，使其发长元音 o。
Give these words a *long o* sound by adding an ending *e*.

1. cod ______
2. tot ______
3. hop ______
4. rob ______
5. not ______

- 在含有 oa 结构的单词中，o 发长元音 /o/（类似字母 o 的发音），a 不发音。
When a word has an *oa* in it, the *o* is long, like saying the letter *o*, and the *a* is silent.

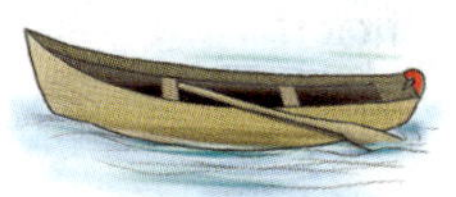

boat
小船

coat
外套

foam
泡沫

goat
山羊

loaf
（一）条（面包）

moat
护城河

coal
煤炭

soap
肥皂

toad
蟾蜍

拼读天天练
Daily Practice Drills

● 练习朗读下面含有 oa 结构的单词。
Practice reading words spelled with *oa*.

oaf	coat	goal	loam	roam
oak	coax	goat	loan	roan
oat	foal	hoax	moan	soak
boat	foam	load	moat	soap
coal	goad	loaf	road	toad

● 试着大声读出下面单词。
Try reading these tough *oa* words out loud.

bloat	coast	float
groan	toast	croak

练习
Exercise

● 听录音，重组字母。
Listen and unscramble these *oa* words.

oacx	droa	olam	alfo	adto
_ _ _ _	_ _ _ _	_ _ _ _	_ _ _ _	_ _ _ _

● 圈出下面每个句子中发长元音 o 的单词。
Circle the *long o* words in each sentence.

1. The toad went up the road.
2. You need soap when you load coal.
3. A moan is not like a roar.
4. I wear a coat when I roam on the boat.
5. Joan has a goat and a toad.

听录音，圈出发长元音 o 的单词。
Listen and circle the *long o* words.

1. ox oak
2. moat mot
3. cot coat
4. soap sop
5. goat got
6. road rod

听录音，写单词。
Listen and write down the words you hear.

❶ ☐☐☐☐ ❷ ☐☐☐☐ ❸ ☐☐☐☐

听录音，将下面的图片与对应的单词连线。
Listen and match the pictures with the correct words.

1. • • toad
2. • • boat
3. • • soap
4. • • goat

给下列单词中间加上一个 a，使其发长元音 o。
Give these words a *long o* sound by adding an *a* in the middle.

1. mot ________
2. rod ________
3. sop ________
4. cot ________
5. got ________

- u_e 结构发长元音 u。
  u_e makes a *long u* sound.
  长元音 u 有两个音：/ju/和/u/。
  Long u has two sounds, /ju/ and /u/.
  当 u_e 位于 c、f、h、m 或者 p 之后时，发/ju/音。
  When *u_e* comes after c, f, h, m, or p, it has a /ju/ sound.
  当 u_e 位于 j、l、r 或者 y 之后时，发/u/音。
  When *u_e* comes after j, l, r, or y, it has an /u/ sound.
  当 u_e 位于 d、n 或者 t 之后时，发/ju/或者/u/音。
  When *u_e* comes after d, n, or t, it has a /ju/ or /u/ sound.

u_e

/ju/

cube
立方体

fume
冒烟

puke
呕吐

/u/

June
六月

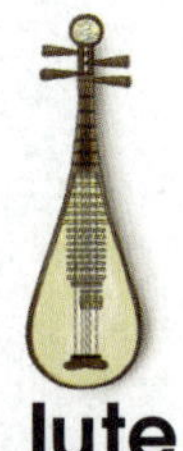

lute
鲁特琴

Yule
圣诞节

/u/ or /ju/

dune
沙丘

nude
裸体的

tube
管子

拼读天天练
Daily Practice Drills

● 练习朗读下面含有 u_e 结构的单词。
Practice reading words spelled with *u_e*.

/ju/	/u/	/u/ or /ju/
cube	June	dude
cute	jute	duke
fume	lube	dune
huge	lure	dupe
mule	lute	nude
muse	luxe	tube
mute	rude	tune
puke	rule	
pule	rune	
	ruse	
	Yule	

● 试着大声读出下面的单词。
Try reading these tough *u_e* words out loud.

brute	drupe	fluke
flute	prune	amuse

练习
Exercise

● 听录音，重组字母。
Listen and unscramble these *u_e* words.

tneu　　uxle　　pdue　　meus　　rdue

_ _ _ _　_ _ _ _　_ _ _ _　_ _ _ _　_ _ _ _

● 圈出下面每个句子中发长元音 u 的单词。
Circle the *long u* words in each sentence.

1. I saw a cute dude.
2. The lute looks like a tube.
3. The rude man was nude.
4. I rode a mule on the dune.
5. The huge duke was born in June.

● 听录音，选出发长元音 u 的单词。
Listen and choose the words with a *long u* sound.

( ) 1. a) lute　b) nut　c) rug

( ) 2. a) cut　b) cud　c) cute

( ) 3. a) sub　b) jut　c) Yule

( ) 4. a) fun　b) fuse　c) fur

( ) 5. a) rule　b) lull　c) nun

练习
Exercise

● 听录音，补全单词。
Listen and write the missing letters to the words you hear.

1. _u_e　2. _u_e　3. _u_e　4. _u_e

● 观察下列单词结构，将其与正确的发音连线。
Look and match the words with the correct *long u* sound.

1. dupe •	
2. jute •	• /ju/
3. tune •	
4. fume •	• /u/
5. Luke •	
6. pule •	• /ju/ or /u/
7. nude •	

● 在下列单词词尾添加一个字母 e，使其发长元音 u。
Give these words a *long u* sound by adding an ending *e*.

1. tub ________　　2. cut ________

3. cub ________　　4. hug ________

5. jut ________

- 软音 c 和字母 s 的发音相同。
  Soft c makes the same sound as the sound for letter *s*.
  在 e、i 或者 y 之前时，c 发软音 /s/。
  C has the soft sound /s/ when it is followed by an e, i, or y.
  在 a、o 或者 u 之前时，c 发硬音 /k/。
  C has the hard sound /k/ when it is followed by an a, o, or u.

soft c

ice
冰

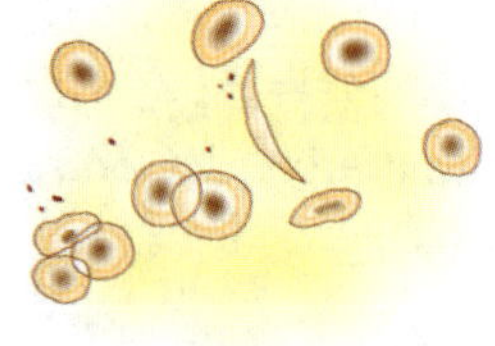

cell
细胞

rice
米

dice
骰子

face
脸

mice
老鼠

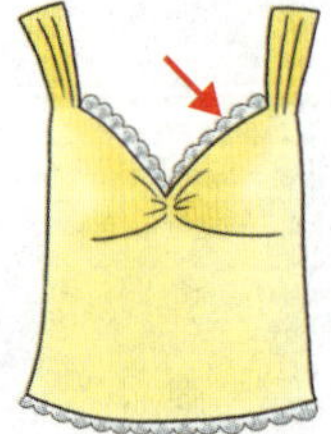

lace
花边

race
比赛

puce
紫褐色的

拼读天天练
Daily Practice Drills

● 练习朗读下面含有软音 c 的单词。
Practice reading words spelled with *soft c*.

ace	duce	nice
ice	face	pace
cede	lace	puce
cine	lice	race
cite	Lucy	rice
dace	mace	vice
dice	mice	

● 试着大声读出下面的单词。
Try reading these tough *soft c* words out loud.

acid	civic	licit
brace	grace	space
slice	tacit	rancid

练习
Exercise

● 听录音，重组字母。
Listen and unscramble these *soft c* words.

icel　　ctei　　veic　　ncie　　mcea

____　　_____　　_____　　_____　　_____

● 听录音，圈出发软音 c 的单词。
Listen and circle the *soft c* words.

1. cap　　6. cot
2. face　　7. puce
3. dice　　8. lice
4. cut　　9. cant
5. cine　　10. ice

● 听录音，将下面的图片与对应的单词连线。
Listen and match the pictures with the correct words.

1.  •　　• puce
2.  •　　• rice
3.  •　　• dice
4.  •　　• face

练习
Exercise

圈出下面每个句子中发软音 c 的单词。
Circle the *soft c* words in each sentence.

1. I have dice that look like mice.
2. I think rice is nice.
3. I put some ice on my face.
4. Don't carry a mace in a race.
5. The puce lace is very pretty.

判断下面单词发软音 c 还是硬音 c。
Soft c or *hard c*.

1. Lucy ____soft c____
2. cast ________
3. cite ________
4. cone ________
5. cube ________
6. mace ________

在下面字母组合末尾加一个字母 e，使其发软音 c。
Give these blends a *soft c* sound by adding an ending *e*.

1. mic ______ 2. ric ______
3. ac ______ 4. pac ______
5. vic ______

- 软音 g 和字母 j 的发音相同。
  Soft g makes the same sound as the sound for letter *j*.
  在 e、i 或者y 之前时，g 发软音/dʒ/。
  G has the soft sound /dʒ/ when it is followed by an e, i, or y.
  在a、o 或者 u之前时，g 发硬音/g/。
  G has the hard sound /g/ when it is followed by an a, o, or u.

age
年龄

gel
凝胶

gem
宝石

cage
笼子

page
（一）页

huge
巨大的

loge
包厢

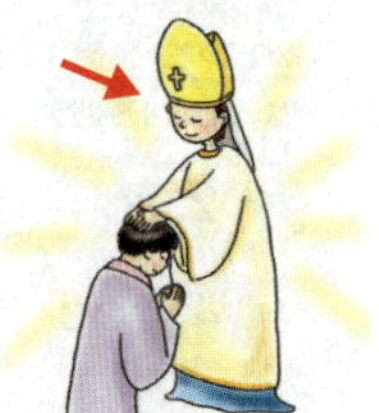

sage
圣人

rage
盛怒

拼读天天练
Daily Practice Drills

● 练习朗读下面含有软音 g 的单词。
Practice reading words spelled with *soft g*.

age	cage	loge
gee	doge	page
gel	gene	rage
gem	gibe	sage
gin	huge	wage

● 试着大声读出下面的单词。
Try reading these tough *soft g* words out loud.

gent	gist	agent
digit	logic	rigid
stage	gym	gentle

练习
Exercise

● 听录音，重组字母。
Listen and unscramble these *soft g* words.

ege ___ ___ ___

gni ___ ___ ___

sgae ___ ___ ___ ___

ibge ___ ___ ___ ___

gloe ___ ___ ___ ___

● 听录音，选出发软音 g 的单词。
Listen and choose the words with *soft g* sounds.

( ) 1. a) gut b) cage c) page

( ) 2. a) sage b) gap c) rage

( ) 3. a) wage b) got c) doge

( ) 4. a) gas b) gel c) huge

( ) 5. a) loge b) gem c) gob

● 听录音，将下面的图片与对应的单词连线。
Listen and match the pictures with the correct words.

1. •
2. •
3. •
4. •
5. •

• gel
• cage
• gem
• page
• loge

● 圈出下面每个句子中发软音 g 的单词。
Circle the *soft g* words in each sentence.

1. The cage is huge.
2. Turn to the first page.
3. What is your age?
4. I use gel in my hair.
5. My wage is good.

● 判断下面单词发软音 g 还是硬音 g。
Soft g or *hard g*.

1. gist ________ 2. get ________
3. game ________ 4. gene ________
5. gym ________ 6. gust ________

● 在下面单词词尾加一个字母 e，使其发软音 g。
Give these words a *soft g* sound by adding an ending *e*.

1. hug ______ 2. rag ______ 3. wag ______
4. sag ______ 5. log ______

ck 结构发音为 /k/，类似 k 的发音。
The two letters *ck* make one sound, just like the sound for *k*.

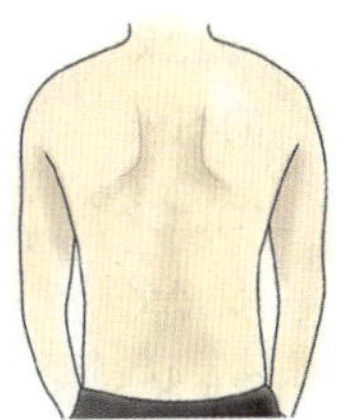
back
背部

deck
甲板

lick
舔

lock
锁

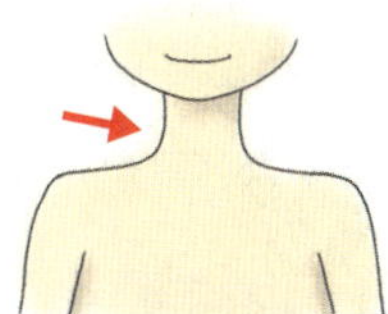
neck
颈

pack
背包

rock
岩石

sick
生病的

sack
大麻袋

拼读天天练
Daily Practice Drills

● 练习朗读下面含有 ck 的单词。
Practice reading words spelled with *ck*.

back	lick	nock
lack	Mick	pock
hack	nick	rock
jack	pick	sock
Mack	Rick	buck
pack	sick	duck
rack	tick	guck
sack	Vick	Huck
tack	wick	luck
Zack	bock	muck
beck	dock	puck
deck	hock	suck
neck	jock	tuck
peck	lock	yuck
hick	mock	

● 试着大声读出下面的单词。
Try reading these tough *ck* words out loud.

brick	black	rocket
jacket	clock	crack

练习
Exercise

听录音，重组字母。
Listen and unscramble these *ck* words.

kcar ____

ckil ____

lcok ____

kudc ____

nekc ____

圈出下面每个句子中发 ck 音的单词。
Circle the *ck* words in each sentence.

1. The back of a duck is brown.
2. Tuck your sock in your sack.
3. Do not lick the rock.
4. The puck hit his neck.
5. The lock is on the rack.

听录音，选出下面发 ck 音的单词。
Listen and choose the words with a *ck* sound.

( ) 1. a) bat b) bit c) back

( ) 2. a) rat b) rack c) rut

( ) 3. a) sick b) sit c) sap

( ) 4. a) lip b) lot c) lock

( ) 5. a) hack b) hat c) hit

练习
Exercise

● 听录音，补全单词。
Listen and write the missing letters to the words you hear.

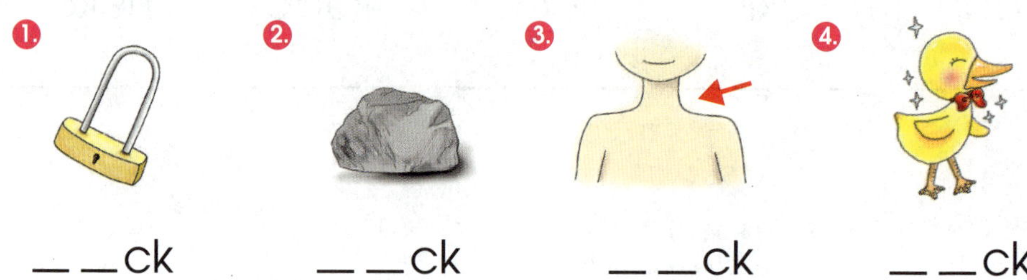

1. _ _ck　2. _ _ck　3. _ _ck　4. _ _ck

● 听录音，圈出发 ck 音的单词所对应的图片。
Listen and circle the pictures with a *ck* sound.

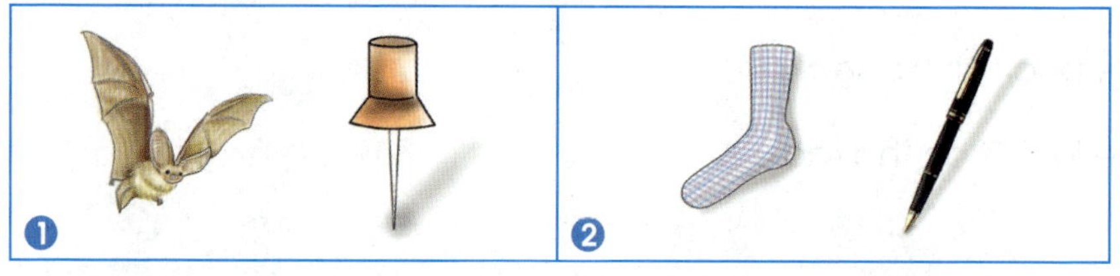

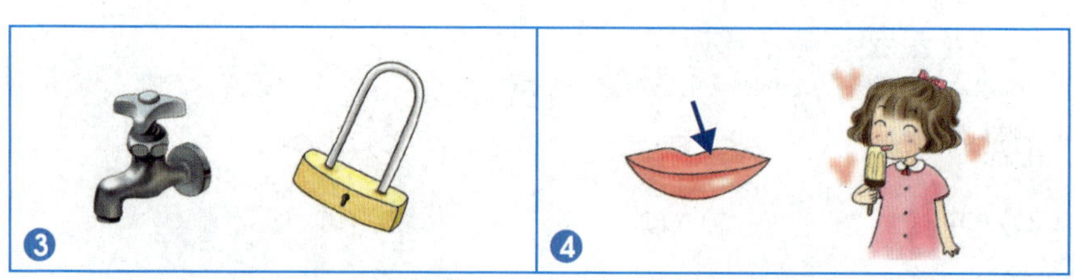

● 将下面单词词尾字母变为 ck，使其发 ck 音。
Give these words a *ck* sound by changing the last letters to *ck*.

1. tap ________　2. lop ________　3. lip ________

4. mug ________　5. net ________

with short vowels（搭配短元音）

bl, cl, gl

black
黑色的

blot
污渍

clam
蛤蜊

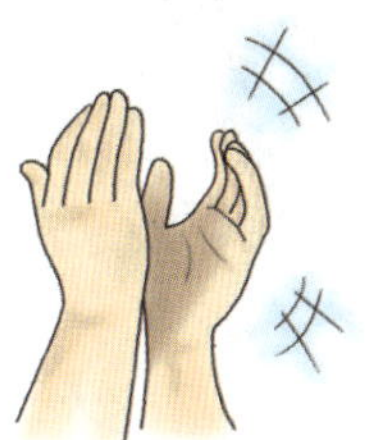

clap
鼓掌

clip
回形针

club
俱乐部

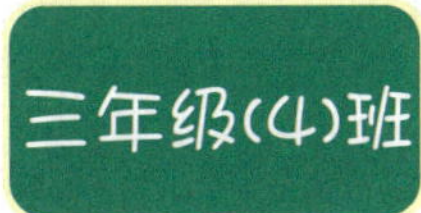

class
班级

glass
玻璃杯

glad
高兴的

拼读天天练
Daily Practice Drills

● 练习朗读下面含有 bl、cl 或 gl 的单词。
Practice reading words spelled with *bl, cl,* or *gl*.

blab	clam	club
black	clan	cluck
blat	clap	glad
bleb	class	glass
bled	click	glib
bless	clip	glen
blip	clock	glob
blob	clod	glop
block	clog	gloss
blot	clop	
clad	clot	

● 试着大声读出下面的单词。
Try reading these tough *bl, cl,* and *gl* words out loud.

blade	clamp	glance
blast	clasp	glint

练习
Exercise

● 圈出下面每个句子中词首为复辅音的单词。
Circle the words with a beginning blend sound in each sentence.

1. The class will clap today.
2. I am glad when I get a blot.
3. There is a clip in the clam.
4. He is in a boat club.
5. I will bless my clan.

● 读一读，圈出下面词首为复辅音的单词。
Read and circle the words with a beginning blend sound.

1. blot	pot	2. mess	bless
3. pass	glass	4. clap	lap
5. sip	clip	6. clog	log
7. clan	can	8. lad	glad

● 看图，补全下面含有复辅音的单词。
Look and write the missing blend sound letters for each word.

❶ 

_ _ ass

❷ 

_ _ ub

❸ 

_ _ am

❹ 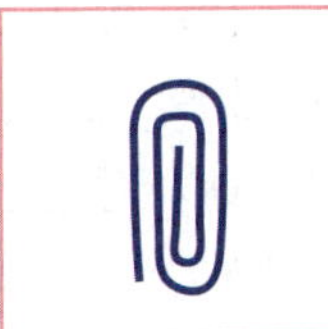

_ _ ip

练习
Exercise

- 在下面单词的第一个辅音字母后加上一个 l，使其发复辅音。
  Give these words a blend sound by adding an *l* after the beginning consonant.

1. cap ________________
2. bess ________________
3. cub ________________
4. bob ________________
5. gad ________________

- 写出另一个词首发同一复辅音的单词。
  Write another word that has the same blend sound at the beginning.
  例如：*flat flip*
  Example: *flat flip*

1. glass ____________ 2. bled ____________
3. clam ____________ 4. clip ____________

- 观察下列单词。如果单词的词首发复辅音，写出这两个字母组合。若否，写“no”。
  Look at the words. If the word has a blend sound at the beginning, write the two blend letters. If it doesn't, write "no".
  例如：*flat fl*
  cab no
  Example: *flat fl*
  cab no

1. cap ________________
2. glass ________________
3. bed ________________
4. blip ________________
5. cat ________________
6. clip ________________
7. gas ________________
8. glad ________________

with short vowels（搭配短元音）

fl, pl, sl

flag
旗帜

flick
弹

flip
投掷

plug
插头

plum
李子

plus
加

slip
滑倒

sled
雪橇

slug
鼻涕虫

拼读天天练
Daily Practice Drills

练习朗读下面含有fl、pl或sl的单词。
Practice reading words spelled with *fl, pl,* or *sl*.

flab	flit	plot	sled
flag	flog	pluck	slick
flam	flop	plug	slid
flan	floss	plum	slip
flap	flub	plus	slim
flat	flux	slab	slit
flax	plan	slack	slog
fled	plat	slag	slop
flex	pled	slam	slot
flick	plod	slap	slug
flip	plop	slat	slum

试着大声读出下面的单词。
Try reading these tough *fl, pl,* and *sl* words out loud.

flint	flask	plump
plant	slump	slant

练习
Exercise

● 圈出下面每个句子中词首发复辅音的单词。
Circle the words with a beginning blend sound in each sentence.

1. I slid on the plug.
2. The flag will flap in the wind.
3. Don't slam the plum on the table.
4. I hate this flab. I want to be slim.
5. I plan to buy a sled this year.

● 读一读，圈出下面词首发复辅音的单词。
Read and circle the words with a beginning blend sound.

1. hot	plot	2. rag	flag
3. bus	plus	4. flip	rip
5. slap	lap	6. hug	plug
7. slip	lip	8. slot	got

● 看图，补全下面含有复辅音的单词。
Look and write the missing blend sound letters for each word.

1. 
_ _ ag

2. 
_ _ ed

3. 
_ _ ug

4. 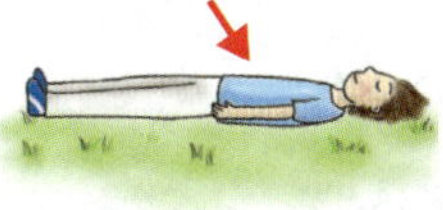
_ _ at

练习
Exercise

● 在下面单词的第一个辅音字母后加上一个 l，使其发复辅音。
Give these words a blend sound by adding an *l* after the beginning consonant.

1. pug ____________
2. fax ____________
3. pot ____________
4. fan ____________
5. sip ____________

● 圈出下列发同一复辅音的单词。
Circle the words that have the same blend sounds.

1. fat	flat	flip
2. slam	sled	sad
3. plan	pass	plug
4. slug	slim	sip
5. fan	flag	flap

● 写出另一个词首发同一复辅音的单词。
Write another word that has the same blend sound at the beginning.
例如：*flat flip*
Example: *flat flip*

1. flax ________
2. plod ________
3. slid ________
4. slam ________

with short vowels（搭配短元音）

br, cr, dr

bran
麦麸

brig
双桅横帆船

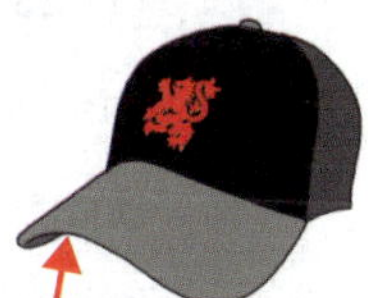
brim
帽檐

crag
峭壁

crab
螃蟹

crib
婴儿床

drop
掉

drum
鼓

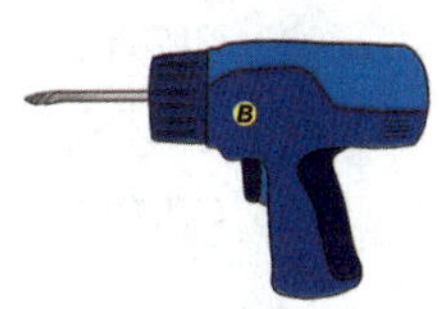
drill
钻孔机

拼读天天练
Daily Practice Drills

● 练习朗读下面含有 br、cr 或 dr 的单词。
Practice reading words spelled with *br, cr,* or *dr*.

brad	crab	drat
brag	crack	dreg
bran	crag	dress
Bram	cram	drib
brass	crib	drill
brat	crick	drop
Brett	crud	drub
brick	crux	drug
brig	drab	drum
Brill	drag	
brim	dram	

● 试着大声读出下面的单词。
Try reading these tough *br, cr,* and *dr* words out loud.

cramp	dragon	brink
crimp	dream	brown

练习
Exercise

● 圈出下面每个句子中词首发复辅音的单词。
Circle the words with a beginning blend sound in each sentence.

1. The brick has a crack in it.
2. Don't drop the crab on your dress.
3. Brad will brag about his drum.
4. The crib is made of brass.
5. I will drag the drill and drop it to you.

● 看图，补全下面含有复辅音的单词。
Look and write the missing blend sound letters for each word.

❶ _ _ick ❷ _ _ib ❸ _ _ab ❹ _ _ess

● 听录音，写单词。
Listen and write down the words you hear.

练习
Exercise

- 在下面单词的第一个辅音字母后加上一个 r，使其发复辅音。
  Give these words a blend sound by adding an *r* after the beginning consonant.

1. dab ________________
2. bag ________________
3. cam ________________
4. dill ________________
5. cab ________________

- 圈出下面发相同复辅音的单词。
  Circle the words that have the same blend sounds.

1. brick	brat	black
2. crib	clock	crab
3. dress	drag	dot
4. bat	brim	brag
5. drill	dab	drop

- 写出另一个词首发同一复辅音的单词。
  例如：*flat flip*
  Write another word that has the same blend sound at the beginning.
  Example: *flat* *flip*

1. brim ________________
2. cram ________________
3. drag ________________

with short vowels（搭配短元音）

fr, gr, pr, tr

fret
（定音的）品

frog
青蛙

grass
草

grill
烧烤

grin
露齿而笑

pram
婴儿车

press
按

tram
有轨电车

trap
陷阱

拼读天天练
Daily Practice Drills

● 练习朗读下面含有 fr、gr、pr 或 tr 的单词。
Practice reading words spelled with *fr, gr, pr,* or *tr*.

Fran	grass	gruff	trap
frap	Greg	pram	tress
frat	grid	press	trick
Fred	grill	prig	trig
fret	grim	prim	trill
frill	grin	prod	trim
frit	grip	prom	trip
frog	grit	prop	trod
grab	grog	track	trop
grad	grot	Tram	truck
gram	grub	tran	truss

● 试着大声读出下面的单词。
Try reading these tough *fr, gr, pr,* and *tr* words out loud.

frisk	grump	print	trump
frost	grist	present	trust

练习
Exercise

● 圈出下面每个句子中词首发复辅音的单词。
Circle the words with a beginning blend sound in each sentence.

1. The frog jumped on the pram.
2. Greg put the grub on the grill.
3. Fran took a truck to the prom.
4. The prop on the track made me grin.
5. Grab the grip on the tram.

● 读一读，圈出下面词首发复辅音的单词。
Read and circle the words with a beginning blend sound.

1. fog	frog	2. pram	Pam
3. trap	tap	4. grill	gill
5. fill	frill	6. grab	gab
7. press	pass	8. fat	fret

● 看图，补全下面含有复辅音的单词。
Look and write the missing blend sound letters for each word.

1. 
__ __ ass

2. 
__ __ og

3. 
__ __ am

4. 
__ __ am

练习
Exercise

● 听录音，将下面的图片与对应的单词连线。
Listen and match the pictures with the correct words.

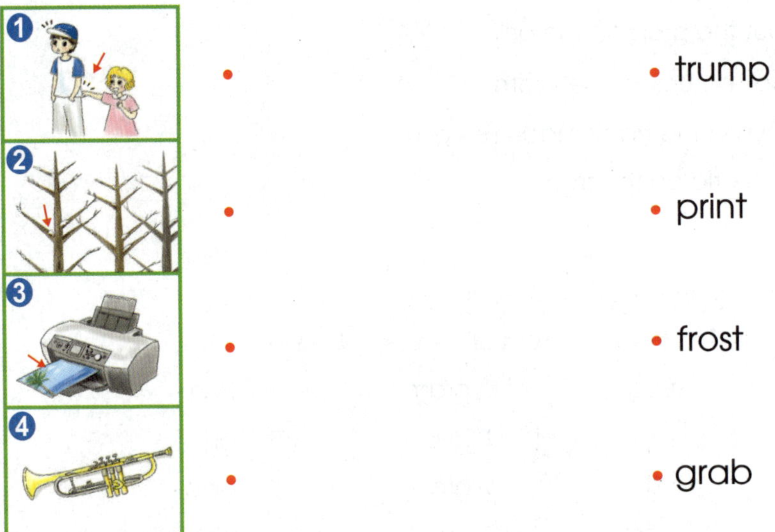

- trump
- print
- frost
- grab

● 在下面单词的第一个辅音字母后加上一个 r，使其发复辅音。
Give these words a blend sound by adding an *r* after the beginning consonant.

1. tap ____________　　2. gad ____________
3. fill ____________　　4. tick ____________
5. pop ____________

● 圈出下面发同一复辅音的单词。
Circle the words that have the same blend sounds.

1. grip	glad	grill	2. flip	frill	fret
3. press	prom	pin	4. trick	tick	track
5. grass	tram	grub			

with short vowels（搭配短元音）

sm, sn, sp, st, sw

smell
闻

smog
烟雾

snack
小吃

snap
啪的一声折断

spill
洒出

spin
旋转

stag
成年雄鹿

stick
枝条

swim
游泳

拼读天天练
Daily Practice Drills

● 练习朗读下面含有 sm、sn、sp、st 或 sw 的单词。
Practice reading words spelled with *sm, sn, sp, st,* or *sw.*

smack	snob	spin	stet
smell	snub	spit	stick
smock	snuck	spot	stiff
smog	snug	spud	still
smug	snuff	spun	stock
snack	spam	stab	stop
snag	span	stack	swag
snap	spat	staff	swam
snell	speck	stag	swig
snick	sped	stat	swill
sniff	spell	stem	swim
snip	spill	step	swum

● 试着大声读出下面的单词。
Try reading these tough *sm, sn, sp, st,* and *sw* words out loud.

smash	snail	spade	sting	swing
smelt	snore	spice	steel	sweet
smile	sneak	spruce	steep	swine

练习 Exercise

● 圈出下面每个句子中词首发复辅音的单词。
Circle the words with a beginning blend sound in each sentence.

1. Can you sniff the smell?
2. I will swim to get the stick.
3. The staff will stop the stag.
4. Don't step on the stem.
5. Spell spill while you spin.

● 看图，补全下面含有复辅音的单词。
Look and write the missing blend sound letters for each word.

① _ _ick ② _ _ell ③ _ _in ④ _ _im

● 听录音，将下面的图片与对应的单词连线。
Listen and match the pictures with the correct words.

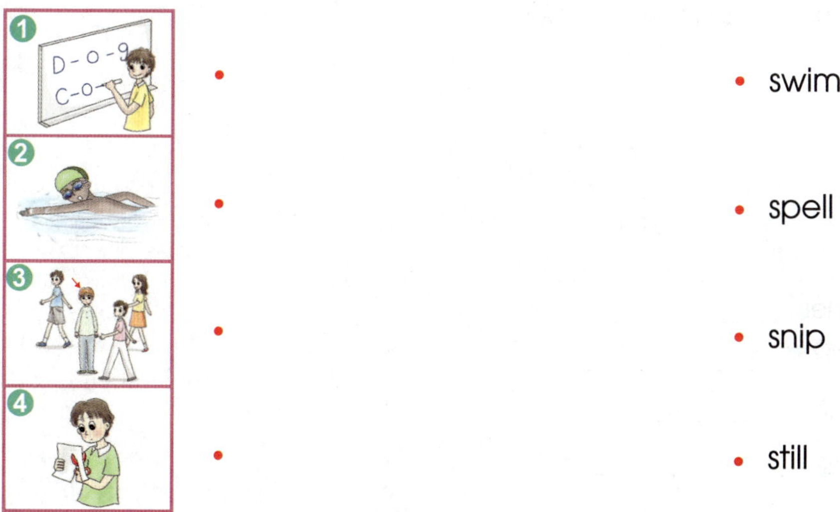

- swim
- spell
- snip
- still

练习
Exercise

在下面单词的词首加上一个 s，使其发复辅音。
Give these words a blend sound by adding an *s* at the beginning of the word.

1. till ______________
2. pot ______________
3. mock ______________
4. nap ______________
5. wig ______________

圈出下面发同一复辅音的单词。
Circle the words that have the same blend sounds.

1. sniff	snuff	slid
2. smell	smack	stick
3. spill	snip	spin
4. sled	still	step
5. spell	swill	swim

写出另一个词首发同一复辅音的单词。
例如：*flat flip*
Write another word that has the same blend sound at the beginning.
Example: *flat flip*

1. smell ______________
2. still ______________
3. sniff ______________
4. spill ______________

自然拼读规则与美式音标对照表

元音

音标	字母(组合)	单词范例	
[i]	e	these [ðiz]	secret [ˋsikrɪt]
	i	ski [ski]	machine [məˋʃin]
	ee	eel [il]	sheep [ʃip]
	ea	each [itʃ]	teach [titʃ]
	ie	thief [θif]	field [fild]
	ei	receive [rɪˋsiv]	deceit [dɪˋsit]
	ey	key [ki]	keyword [ˋkiˏwɝd]
	eo	people [ˋpipḷ]	
[ɪ]	i	thing [θɪŋ]	sick [sɪk]
	y	pretty [ˋprɪtɪ]	system [ˋsɪstəm]
	e	oldest [ˋoldɪst]	delay [dɪˋle]
	u	busy [ˋbɪzɪ]	minute [ˋmɪnɪt]
	a	cabbage [ˋkæbɪdʒ]	private [ˋpraɪvɪt]
	ui	quiz [kwɪz]	building [ˋbɪldɪŋ]
	ey	monkey [ˋmʌŋkɪ]	donkey [ˋdɑŋkɪ]
[e]	a	cake [kek]	table [ˋtebḷ]
	ai	train [tren]	tail [tel]

音标	字母(组合)	单词范例	
[e]	ay	play [ple]	stay [ste]
	ey	grey [gre]	obey [əˋbe]
	ea	great [gret]	break [brek]
	eigh	weigh [we]	sleigh [sle]
	aigh	straight [stret]	compaigh [kəmˋpen]
[ɛ]	e	letter [ˋlɛtɚ]	beggar [ˋbɛgɚ]
	a	anytime [ˋɛnɪˏtaɪm]	many [ˋmɛnɪ]
	ea	weather [ˋwɛðɚ]	breast [brɛst]
	ie	friend [frɛnd]	friendly [ˋfrɛndlɪ]
	ai	said [sɛd]	again [əˋgɛn]
	ue	guest [gɛst]	guess [gɛs]
[æ]	a	ant [ænt]	bad [bæd]
	au	laugh [læf]	aunt [ænt]
[ɑ]	o	ox [ɑks]	box [bɑks]
	a	what [wɑt]	quality [ˋkwɑlətɪ]
[ɑr]	ar	arm [ɑrm]	bark [bɑrk]
	ear	heart [hɑrt]	hearty [ˋhɑrtɪ]
[ɔ]	a	mall [mɔl]	water [ˋwɔtɚ]
	o	long [lɔŋ]	cross [krɔs]

音标	字母(组合)	单词范例	
[ɔ]	aw	law [lɔ]	saw [sɔ]
	al	talk [tɔk]	walk [wɔk]
	au	laundry [ˋlɔndrɪ]	auto [ˋɔto]
	augh	daughter [ˋdɔtɚ]	taught [tɔt]
	ough	brought [brɔt]	fought [fɔt]
[ɔr]	ar	quarter [ˋkwɔrtɚ]	warm [wɔrm]
	or	short [ʃɔrt]	corner [ˋkɔrnɚ]
	oor	floor [flɔr]	door [dɔr]
	ore	more [mɔr]	before [bɪˋfɔr]
	oar	roar [rɔr]	board [bɔrd]
	our	court [kɔrt]	four [fɔr]
[ɔɪ]	oi	coin [kɔɪn]	noise [nɔɪz]
	oy	joy [dʒɔɪ]	boy [bɔɪ]
[o]	o	open [ˋopən]	cold [kold]
	oa	coal [kol]	coat [kot]
	ow	show [ʃo]	bowl [bol]
	ou	shoulder [ˋʃoldɚ]	soul [sol]
	ew	sew [so]	sewing [ˋsoɪŋ]
	ough	though [ˋðo]	dough [do]

音标	字母(组合)	单词范例	
[u]	u	rule [rul]	June [dʒun]
	o	prove [pruv]	movie [ˋmuvɪ]
	ue	true [tru]	blue [blu]
	oo	foot [fut]	room [rum]
	ou	group [grup]	soup [sup]
	oe	shoe [ʃu]	canoe [kəˋnu]
	ew	chew [tʃu]	new [nu]
	ui	fruit [frut]	juice [dʒus]
	ough	through [θru]	throughout [θruˏaʊt]
[ʊ]	u	put [pʊt]	push [pʊʃ]
	o	woman [ˋwʊmən]	wolf [wʊlf]
	oo	look [lʊk]	good [gʊd]
	oul	would [wʊd]	should [ʃʊd]
[ʊr]	oor	poor [pʊr]	moor [mʊr]
	our	detour [ˋditʊr]	tour [tʊr]
	ure	sure [ʃʊr]	ensure [ɪnˋʃʊr]
[ʌ]	o	come [kʌm]	mother [ˋmʌðɚ]
	u	but [bʌt]	bus [bʌs]
	oo	blood [blʌd]	flood [flʌd]

音标	字母(组合)	单词范例	
[ʌ]	ou	country [ˋkʌntrɪ]	enough [ɪˋnʌf]
[ə]	a	about [əˋbaʊt]	banana [bəˋnænə]
	o	pilot [ˋpaɪlət]	polite [pəˋlaɪt]
	e	seven [ˋsɛvən]	moment [ˋmomənt]
	i	difficult [ˋdɪfəˌkʌlt]	possible [ˋpɑsəbl̩]
	u	suggest [səgˋdʒɛst]	support [səˋpɔrt]
	ou	famous [ˋfeməs]	numerous [ˋnumərəs]
	ia	Russia [ˋrʌʃə]	Asia [ˋeʒə]
[ɝ]	er	her [hɝ]	serve [sɝv]
	ir	girl [gɝl]	bird [bɝd]
	or	word [wɝd]	world [wɝld]
	ur	turn [tɝn]	burn [bɝn]
	ear	earth [ɝθ]	pearl [pɝl]
	our	journey [ˋdʒɝnɪ]	journal [ˋdʒɝnl̩]
[ɚ]	er	letter [ˋlɛtɚ]	mother [ˋmʌðɚ]
	or	doctor [ˋdɑktɚ]	color [ˋkʌlɚ]
	ar	forward [ˋfɔrwɚd]	sugar [ˋʃʊgɚ]
	ure	nature [ˋnetʃɚ]	picture [ˋpɪktʃɚ]
	ur	murmur [ˋmɝmɚ]	surprise [sɚˋpraɪz]

音标	字母(组合)	单词范例	
[aɪ]	i	bike [baɪk]	life [laɪf]
	y	cry [kraɪ]	my [maɪ]
	ie	pie [paɪ]	lie [laɪ]
	igh	light [laɪt]	night [naɪt]
	uy	buy [baɪ]	guy [gaɪ]
	ye	dye [daɪ]	bye [baɪ]
	ui	guide [gaɪd]	disguise [dɪsˋgaɪz]
	eigh	height [haɪt]	sleight [slaɪt]
[aʊ]	ou	house [haʊs]	mouse [maʊs]
	ow	how [haʊ]	cow [kaʊ]
	ough	plough [plaʊ]	bough [baʊ]
[ɛr]	air	air [ɛr]	hair [hɛr]
	are	care [kɛr]	mare [mɛr]
	ear	bear [bɛr]	pear [pɛr]
	ere	where [wɛr]	there [ðɛr]
	eir	their [ðɛr]	heir [ɛr]
	aire	millionaire [ˏmɪljəˋnɛr] billionaire [ˏbɪljəˋnɛr]	
[ɪr]	ear	ear [ɪr]	hear [hɪr]
	ere	here [hɪr]	mere [mɪr]

音标	字母(组合)	单词范例	
[ɪr]	eer	beer [bɪr]	cheers [tʃɪrz]
	ier	pierce [pɪrs]	pier [pɪr]
[ɪə]	ea	idea [aɪˋdɪə]	ideal [ˏaɪˋdɪəl]
	ia	material [məˋtɪrɪəl]	India [ˋɪndɪə]
	iou	various [ˋvɛrɪəs]	furious [ˋfjʊrɪəs]
[iə]	ea	real [riəl]	really [ˋriəlɪ]

辅音

音标	字母(组合)	单词范例	
[p]	p	peel [pil]	pig [pɪg]
	pp	apple [ˋæpl̩]	happen [ˋhæpən]
[b]	b	bee [bi]	bit [bɪt]
	bb	robber [ˋrɑbɚ]	ebb [ɛb]
[t]	t	tea [ti]	tin [tɪn]
	tt	bottle [ˋbɑtl̩]	better [ˋbɛtɚ]
	ed	stopped [stɑpt]	washed [wɑʃt]
	th	Thailand [ˋtaɪlənd]	Thames [temz]
[d]	d	deep [dip]	dig [dɪg]
	dd	ladder [ˋlædɚ]	middle [ˋmɪdl̩]
	ed	played [pled]	stayed [sted]

音标	字母(组合)	单词范例	
[k]	k	keep [kip]	kill [kɪl]
	c	clean [klin]	fact [fækt]
	ch	stomach [ˋstɑmək]	echo [ˋɛko]
	ck	clock [klɑk]	sack [sæk]
[g]	g	ago [əˋgo]	guess [gɛs]
	gg	giggle [ˋgɪgl̩]	egg [ɛg]
	gh	ghost [gost]	ghetto [ˋgɛto]
	gu	collegue [ˋkɑlig]	league [lig]
[f]	f	feed [fid]	fade [fed]
	ff	affect [əˋfɛkt]	offer [ˋɑfɚ]
	ph	photo [ˋfoto]	physical [ˋfɪzɪkl̩]
	gh	rough [rʌf]	laugh [læf]
[v]	v	victory [ˋvɪktərɪ]	vacation [veˋkeʃən]
	f	of [əv]	
[θ]	th	think [θɪŋk]	thank [θæŋk]
[ð]	th	this [ðɪs]	these [ðiz]
[s]	s	seek [sik]	sit [sɪt]
	ss	class [klæs]	glass [glæs]
	c	acid [ˋæsɪd]	race [res]
	sc	scientist [ˋsaɪəntɪst]	scissors [ˋsɪzɚz]

音标	字母(组合)	单词范例	
[z]	s	easy [ˋizɪ]	rise [raɪz]
	ss	scissors [ˋsɪzɚz]	dessert [dɪˋzɝt]
	z	zero [ˋziro]	size [saɪz]
	zz	jazz [dʒæz]	buzz [bʌz]
[ʃ]	sh	shop [ʃɑp]	shirt [ʃɝt]
	s	sure [ʃʊr]	sugar [ˋʃʊgɚ]
	c	ocean [ˋoʃən]	special [ˋspɛʃəl]
	ch	machine [məˋʃin]	Chicago [ʃɪˋkɑgo]
	ss	Russia [ˋrʌʃə]	pressure [ˋprɛʃɚ]
	ti	nation [ˋneʃən]	station [ˋsteʃən]
	ci	conscious [ˋkɑnʃəs] conscience [ˋkɑnʃəns]	
[ʒ]	s	measure [ˋmɛʒɚ]	usual [ˋjuʒuəl]
	si	Asia [ˋeʒə]	occasion [əˋkeʒən]
	g	garage [gəˋrɑʒ]	regime [rɪˋʒim]
[tʃ]	ch	chair [tʃɛr]	chat [tʃæt]
	t	nature [ˋnetʃɚ]	creature [ˋkritʃɚ]
	tch	match [mætʃ]	catch [kætʃ]
[dʒ]	j	juice [dʒus]	joke [dʒok]
	g	germ [dʒɝm]	gym [dʒɪm]

音标	字母(组合)	单词范例	
[dʒ]	dge	judge [dʒʌdʒ]	bridge [brɪdʒ]
	d	soldier [ˋsoldʒɚ]	procedure [prəˋsidʒɚ]
[m]	m	man [mæn]	time [taɪm]
	mm	summer [ˋsʌmɚ]	hammer [ˋhæmɚ]
[n]	n	now [naʊ]	sun [sʌn]
	nn	dinner [ˋdɪnɚ]	sunny [ˋsʌnɪ]
	kn	know [no]	knife [naɪf]
	gn	sign [saɪn]	resign [rɪˋzaɪn]
	pn	pneuma [ˋnumə] pneumonia [nuˋmonɪə]	
[ŋ]	ng	sing [sɪŋ]	bang [bæŋ]
	n	bank [bæŋk]	angry [ˋæŋgrɪ]
[l]	l	less [lɛs]	feel [fil]
	ll	well [wɛl]	tall [tɔl]
[r]	r	rest [rɛst]	room [rum]
	rr	ferry [ˋfɛrɪ]	sorry [ˋsɑrɪ]
	wr	wrap [ræp]	write [raɪt]
	rh	rhyme [raɪm]	rhythm [ˋrɪðəm]
[j]	y	yellow [ˋjɛlo]	year [jɪr]

音标	字母(组合)	单词范例	
[h]	h	hat [hæt]	hold [hold]
	wh	whole [hol]	whose [huz]
[w]	w	way [we]	warm [wɔrm]
	wh	which [wɪtʃ]	what [wɑt]

Answer Key
答案

Page 4

Match the big letters with the small letters.

A→a B→b C→c D→d E→e
F→f G→g H→h I→i J→j
K→k L→l M→m N→n O→o
P→p Q→q R→r S→s T→t
U→u V→v W→w X→x Y→y
Z→z

Pages 5~6

Fill in the missing big letters.

B D F H J L N P R T V X Z

Fill in the missing small letters.

a c e g i k m o q s u w y

Write the alphabet backwards.

Zz Yy Xx Ww Vv Uu Tt Ss Rr Qq Pp Oo Nn Mm Ll Kk Jj Ii Hh Gg Ff Ee Dd Cc Bb Aa

Pages 9~10

Listen and unscramble the *short a* words.

bag ham pan rat wax

Listen and write down the missing letters to the sounds you hear.

p t n m s d

Listen and choose the words with a *short a* sound at the beginning.

1. a) 2. c) 3. a) 4. b) 5. b)

Listen and choose the words with a *short a* sound in the middle.

1. a) 2. b) 3. b) 4. c) 5. b)

Word Puzzle

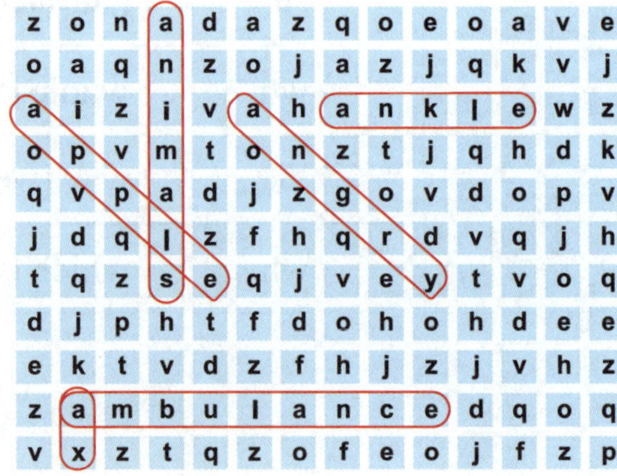

Pages 13~14

Listen and unscramble the *short o* words.

cot log sob hop fox

Listen and write down the missing letters to the sounds you hear.

p d x f c j

Listen and choose the words with *a short o* sound at the beginning.

1. b) 2. a) 3. c) 4. b) 5. b)

Listen and choose the words with *a short o* sound in the middle.

1. b) 2. a) 3. a) 4. c) 5. b)

Listen to the sentences and circle the *short o* words.

1. hot mop pot 2. cop not pop
3. Hop on dot 4. Ron on sod
5. Bob fox on log

Listen and circle the *short o* pictures.

1. ax ox 2. log bag
3. octopus orange 4. ball fox

Pages 17~18

Listen to the sentences and circle the *short i* words.

1. did mitt him 2. sit in igloo
3. Hit him his hip 4. lips big thick
5. Did sit bib

Listen and circle the *short i* pictures.

1. bib hat 2. ink ice
3. pen pin 4. ivy index

Listen and write down the missing letters to the sounds you hear.

g t z b k x

Word Puzzle

i	f	c	g	m	o	z	d	o	g	f	x	r	g
a	n	l	f	w	u	x	n	r	m	x	r	i	x
z	x	k	e	v	l	y	i	n	c	h	a	n	w
h	c	r	a	u	g	e	x	w	n	p	w	n	r
q	r	o	z	p	x	r	y	f	v	l	e	a	f
x	d	c	i	n	j	e	c	t	x	f	i	x	k
t	n	q	n	e	z	u	x	z	k	w	c	p	i
i	e	x	f	q	r	z	i	m	o	r	a	e	z
y	w	z	a	r	x	i	n	s	e	c	t	w	t
o	g	j	n	o	s	w	o	x	z	p	l	o	m
b	i	k	t	i	e	f	l	t	r	l	e	r	o

Label and color the pictures with a *short i* sound.

(图1) igloo (图2) ink

Pages 21~22

Listen and unscramble the *short u* words.

gum bun sub cut yup

Listen and write down the missing letters to the sounds you hear.

t n r h p m

Listen and choose the words with a *short u* sound at the beginning.

1. b) 2. a) 3. c) 4. b) 5. c)

Listen and choose the words with a *short u* sound in the middle.

1. a) 2. c) 3. a) 4. a) 5. b)

Listen to the sentences and circle the *short u* words.

1. tug rug
2. mug hut pup
3. hum bus nuts
4. run fun sun
5. tub

Listen and circle the *short u* pictures.

1. on under 2. uncle aunt
3. tub pot 4. mop mug

Pages 25~26

Listen to the sentences and circle the *short e* words.

1. Jen pet elephant
2. red jet men
3. Ben eggs
4. bet Deb get red bed
5. Ned hen legs

Listen and unscramble the words with a *short e* sound.

fed jem peg hen yet

Listen and choose the words with a *short e* sound in the middle.

1. b) 2. a) 3. b) 4. a) 5. a)

Word Puzzle

Pages 29~30

Listen and unscramble the *b* words.

bag bin bun bet box

Listen and circle the words with a *b* sound at the beginning.

1. Bob big boy 2. Blue books bin
3. Ben bad bug bag 4. bed bus
5. bib big baby

Listen and circle the words with a *b* sound at the end.

1. rub cub 2. mob pub 3. Rob job
4. sob cab 5. web tub

Crossword

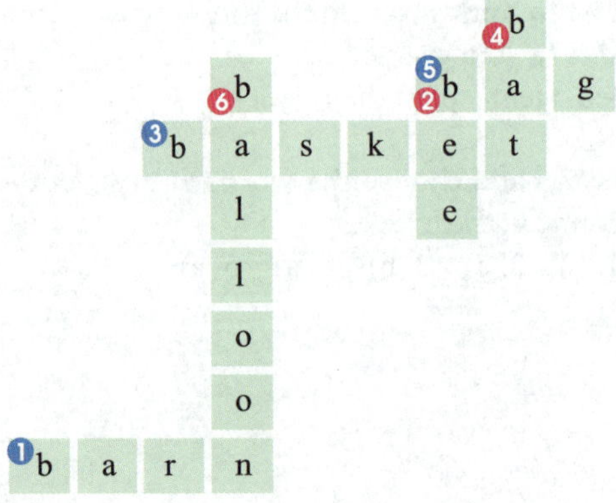

Listen and match the pictures with a *b* sound.

1. cab 2. bib 3. bus 4. web

Pages 33~34

Listen and unscramble the *hard c* words.

cab cob cut cup cog

Listen and circle the words with a *hard c* sound at the beginning.

1. cat can 2. Can cop cup 3. cub cod
4. cap cab 5. cut corn cob

Listen and choose the words with a *hard c* sound.

1. a) 2. c) 3. b) 4. b) 5. b)

Word Puzzle

u	o	v	e	f	x	y	z	c	j	r	m
q	k	l	q	r	w	a	q	a	k	x	v
c	u	p	a	o	s	z	f	r	o	e	z
o	r	z	v	c	f	q	v	r	z	f	x
w	l	a	l	z	l	z	r	o	q	v	s
r	z	q	b	r	s	o	z	t	w	j	z
w	l	s	v	j	z	q	c	a	n	d	y
c	a	m	e	r	a	j	w	k	z	q	o
z	q	s	w	k	o	v	e	x	m	a	x

Read and draw the other half of the pictures for each word.

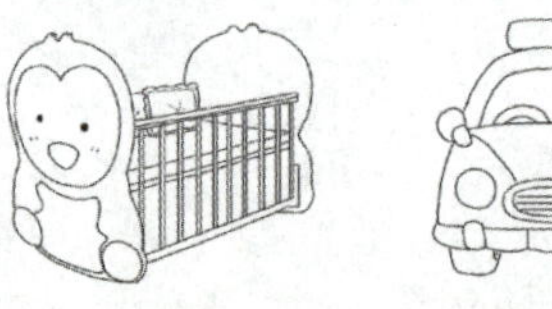

Pages 37~38

Listen and unscramble the *d* words.

mud don wed dab lid

Listen and circle the words with a *d* sound at the beginning.

1. Did dig den 2. dog dug 3. dim dam
4. dad Dan 5. Did do

Listen and circle the words with a *d* sound at the end.

1. sad mad 2. rod bed 3. fed sod
4. pod nod hid 5. rid kid

Listen and circle the pictures with a *d* sound at the beginning.

1. bed dig 2. bat dam
3. dog bud 4. Dad Ben

Listen and circle the pictures with a *d* sound at the end.

1. rod cob 2. lid nib
3. tub mud 4. jib red

Pages 41~42

Listen and unscramble the *f* words.

fig fed fun fab fox

Listen and circle the words with an *f* sound at the beginning.

1. fib fax 2. fin fen 3. fix fan
4. fog fast 5. fat fox fun

Listen and match the pictures with an *f* sound.

1. fun 2. fog 3. fat 4. fix

Crossword

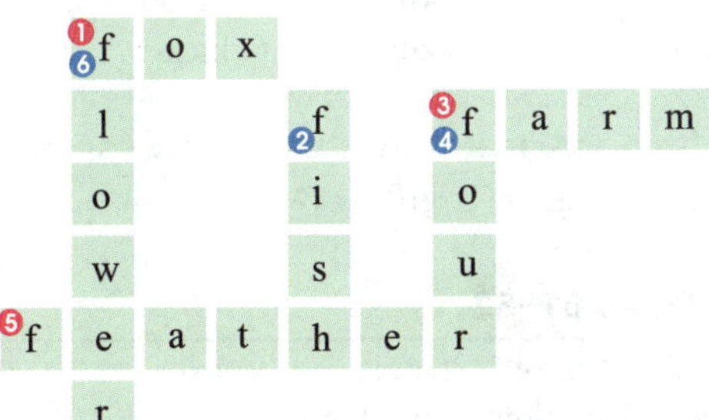

Read and draw the other half of the pictures for each word.

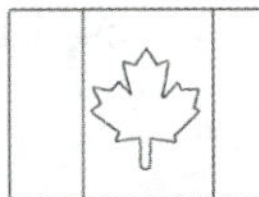

Pages 45~46

Listen and unscramble the *hard g* words.

dig gum get dog lag

Listen and circle the words with a *hard g* sound at the beginning.

1. Give green gum
2. Get gas gab
3. Go get Gus gut
4. game gap
5. Guns good

Listen and circle the words with a *hard g* sound at the end.

1. big pig jog 2. bug jug rug
3. big dog log 4. rag bag mug
5. Peg wig nag

Listen and choose the words with a *hard g* sound.

1. a) 2. b) 3. c) 4. b) 5. c)

Listen and match the pictures with the words you hear.

1. grape 2. goat 3. gun 4. glue 5. gorilla

Pages 49~50

Listen and unscramble the *h* words.

hap hot hen him hub

Listen and circle the words with an *h* sound at the beginning.

1. He has hot ham
2. hit him
3. hot here
4. hid his hat house
5. him hug

Listen and write down the words you hear.

1. hop
2. hot
3. hip
4. ham

Word Puzzle

h	z	v	q	k	h	c	w	r	m	s	j
v	i	m	k	h	o	s	p	i	t	a	l
y	e	v	t	x	n	z	h	y	p	h	g
x	n	f	e	o	e	x	e	r	x	i	c
f	w	h	u	g	y	h	y	o	c	j	x
k	q	a	o	x	w	r	c	g	e	r	i
c	t	n	k	t	q	k	r	e	y	s	o
o	x	d	x	c	e	p	o	y	r	x	j
q	r	h	w	p	o	l	e	x	f	m	e

Read and draw the other half of the pictures for each word.

Pages 53~54

Listen and unscramble the *j* words.

jab
jet
jut
jig
job

Listen and circle the words with a *j* sound at the beginning.

1. Jim jet
2. Jen jumps
3. jug jag
4. jam jug
5. jig job

Listen and match the pictures with the right words.

1. jet
2. jug
3. jump
4. junk
5. jello

Crossword

	2 j		1 6 j	a	m				
	a		u			5 4 j	e	e	p
	c		i			u			
	k		c			l			
3 j	e	w	e	l	r	y			
	t								

Listen and write down the words you hear.

1. jip 2. jog 3. jab

Pages 57~58

Listen and unscramble the *k* words.

kin keg kid kun kip

Listen and circle the words with a *k* sound at the beginning.

1. key Kim 2. Ken 3. kite kangaroo
4. Kip kit 5. king kin

Listen and match the *k* words.

1.Ken 2. kin 3. Kim
4.kip 5. kit

Write down the words with a *k* sound at the beginning.

1. kit 2. kite 3. king
4. kettle 5. key 6. kick

Listen and circle the pictures with a *k* sound.

1. kiss girl 2. gift kiwi

Pages 61~62

Listen and unscramble the *l* words.

lap led log lib lug

Listen and circle the words with an *l* sound at the beginning.

1. lad lips 2. lid lap 3. lens Liz
4. Len lab 5. lot logs

Circle the words with an *l* sound at the beginning.

1. lit 4. lap 5. lad
8. lug 10. lag

Circle the words with an *l* sound at the end.

2. Hal 3. doll 5. bell
6. mall 10. pal

Word Puzzle

k	v	a	b	r	l	g	y	l	a
l	e	f	t	l	a	d	d	e	r
e	a	z	o	c	k	w	r	g	y
o	g	p	v	q	e	d	c	j	w
z	q	a	t	x	w	x	p	k	m
j	l	e	m	o	n	j	b	g	s
d	e	c	r	g	p	a	y	n	o
u	t	x	w	b	y	x	s	k	j

Listen and write down the missing letters to the sounds you hear.

1. a d 2. i l 3. l e n

Pages 65~66

Listen and unscramble the *m* words.

mad men mob mug mix

Listen and circle the words with an *m* sound at the beginning.

1. mat my mom's
2. map mop
3. mad mops
4. mug mud
5. mom mix my meds

Listen and match the *m* words.

1. mad 2. Meg 3. mix
4. mop 5. mug 6. map

Word Puzzle

v	a	u	c	v	g	c	p	z	f	m
s	k	x	j	m	a	i	l	b	o	x
o	x	w	n	p	o	v	x	n	p	a
m	a	t	c	h	y	p	e	c	l	g
a	p	o	s	x	g	y	w	a	q	t
p	f	a	x	e	z	j	g	z	f	p
x	i	u	m	a	s	k	u	x	l	a
m	e	a	q	v	c	z	y	p	o	f

Listen and unscramble the words for each picture.

1. mess 2. model 3. melody 4. mango

Pages 69~70

Listen and unscramble the *n* words.

net nap nut nod nib

Listen and circle the words with an *n* sound at the beginning.

1. not nap 2. nag Ned
3. Nel nabbed nut 4. nut net
5. nag nag nag

Listen and circle the words with an *n* sound at the end.

1. pen ten 2. run fun
3. sun man tan 4. Ben Ken in den
5. hen pen ten

Write down the words for each picture.

1. net 2. neck 3. nest
4. nap 5. nib 6. napkin

Listen and circle the pictures with an *n* sound at the beginning.

1. nuts mug 2. mittens nine

Listen and circle the pictures with an *n* sound at the end.

1. ham hen 2. pan frame

Pages 73~74

Listen and unscramble the *p* words.

cop pet yup nap zip

Listen and circle the words with a *p* sound at the beginning.

1. pup pad 2. Pat pet pig
3. pen pin 4. Pat Pam put pot pit
5. pan pub

Listen and circle the words with a *p* sound at the end.

1. cop cup lap 2. Sip pop mop
3. hip lip 4. lip tip
5. Tip top stop

Unscramble and match the words with the right pictures.

1. pick→(图3) 2. pizza→(图2)
3. peacock→(图4) 4. peach→(图6)
5. pants→(图1) 6. page→(图5)

Listen and write down the missing letters to the sounds you hear.

1. p i 2. a n 3. p o

Pages 77~78

Listen and unscramble the *q* words.

qat qed qid qav qem

Listen and circle the pictures with a *q* sound at the beginning.

1. quail cave 2. pond quarrel
3. quiver paint 4. Quincy Gin

Listen and match the *q* words.

1. quiz
2. quick
3. question
4. queen
5. quack
6. quilt

Crossword

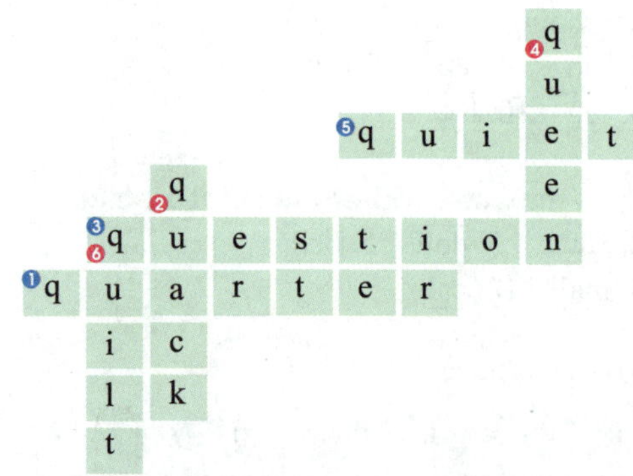

Listen and write down the missing letters to the sounds you hear.

1. i z 2. e n

Pages 81~82

Listen and unscramble the *r* words.

rat rot rip run rag

Listen and choose the words with an *r* sound at the beginning.

1. a) 2. b) 3. b) 4. a) 5. c)

Listen and match the *r* words.

1. rat 2. rep 3. rip
4. rot 5. run 6. rid

Word Puzzle

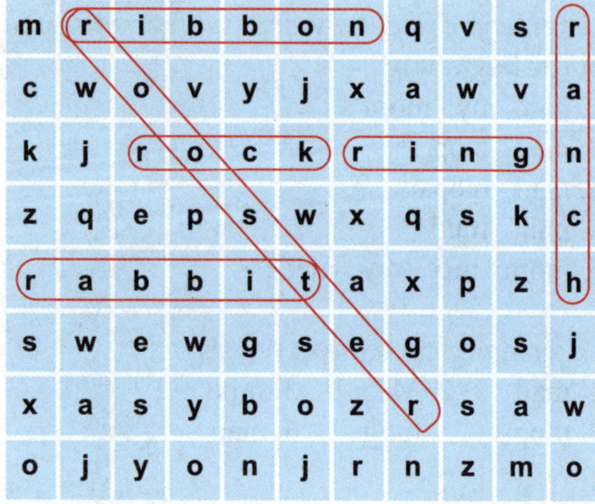

Listen and write down the missing letters to the sounds you hear.

1. b n 2. f 3. o t 4. u s a

Pages 85~86

Listen and unscramble the *s* words.

has bus sin set sod

Listen and circle the words with an *s* sound at the beginning.

1. sat sod 2. Sam sip suds
3. Sid sis sax 4. sap sip
5. Sad Sam sat sub

Listen and circle the words with an *s* sound at the end.

1. bus 2. gas 3. Gus picks bus
4. likes yes 5. Cats dogs

Listen and write down the missing letters to the sounds you hear.

• i x • u n • a p • u j • w i • m e

Listen and write down the words you hear.

1. bus 2. sip 3. set

Pages 89~90

Listen and unscramble the *t* words.

fat hut tot tip yet

Listen and circle the words with a *t* sound at the beginning.

1. tan tux 2. tip tub
3. tick tin 4. Ted ten
5. to tug top

Listen and circle the words with a *t* sound at the end.

1. bat next hat 2. cat rat 3. Matt jet
4. Don't sit cart 5. rent flat

Unscramble the words with a *t* sound.

1. tin 2. tent 3. tablet
4. truck 5. tap 6. taxi

Listen and write down the missing letters to the sounds you hear.

1. i g 2. t a 3. e x 4. u m

Pages 93~94

Listen and unscramble the *v* words.

van vic vet vox vim

Listen and check the pictures with a *v* sound at the beginning.

1. vine (√) violin (√)
2. valley (√) family ( )
3. coupon ( ) vote (√)
4. Venus (√) phoenix ( )

Listen and match the *v* words.

1. van 2. vet 3. vase
4. villa 5. video 6. vat

Listen and write down the missing letters to the sounds you hear.

• e t • e s • i d • c a • a m • e t

Listen and match the words with the right pictures.

1. (图 1)→victory
2. (图 2)→vendor
3. (图 3)→vampire
4. (图 4)→visit

Pages 97~98

Listen and unscramble the *w* words.

wax wiz wet wed wit

Listen and check the words with a *w* sound at the beginning.

1. (√) wiz ( ) vac 2. ( ) men (√) wet
3. ( ) nut (√) won 4. (√) wan ( ) vat
5. (√) wit ( ) vim 6. ( ) nag (√) wop

Listen and match the *w* words.

1. wok 2. wit 3. win
4. wag 5. wop 6. wed

Crossword

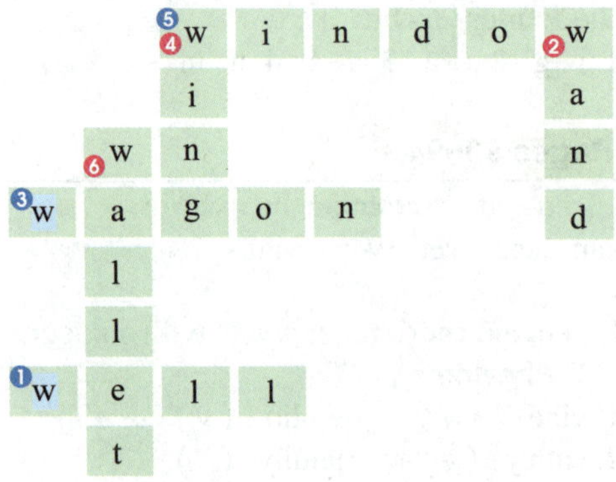

Listen and write down the missing letters to the sounds you hear.

1. i k 2. e s 3. e o 4. n t

Pages 101~102

Listen and unscramble the *x* words.

max hex tux pox pix

Listen and circle the pictures with an *x* sound at the beginning.

1. X-ray sun 2. XL small

Listen and choose the words with an *x* sound at the end.

1. c) 2. b) 3. a) 4. a) 5. c)

Word Puzzle

a	t	u	x	w	v	p	o	l	m
m	z	p	l	d	m	i	x	t	w
f	w	o	r	e	x	o	m	z	i
w	e	z	a	p	a	y	a	n	x
r	p	t	y	j	q	d	s	f	b
k	z	q	i	e	p	r	l	a	g
s	h	j	b	o	x	m	n	x	v
e	o	s	t	e	f	l	x	w	l
g	r	z	g	y	m	v	o	g	z

Listen and match the pictures with the right words.

1. (图 1) → XL 2. (图 2) → X-man
3. (图 3) → X-ray

Pages 105~106

Listen and unscramble the *y* words.

yam yes yon yin yup

Listen and check the pictures with a *y* sound at the beginning.

1. ( ) jacket (√) yak
2. (√) yolk ( ) jam
3. (√) yellow ( ) red
4. (√) yo-yo ( ) jet

Listen and match the *y* words.

1. yap 2. yep 3. yet
4. yob 5. yum

Listen and match the words with the right pictures.

1. yak→(图 2) 2. yard→(图 3)
3. young→(图 4) 4. yawn→(图 5)
5. yes→(图 1)

Listen and write down the missing letters to the sounds you hear.

1. yell 2. yuck 3. y u 4. y e s

Pages 109~110

Listen and unscramble the *z* words.

zip zen zap biz fez

Listen and check the pictures with a *z* sound at the beginning.

1. sand Zeus
2. zombie son

Listen and match the words with a *z* sound at the beginning or at the end.

zip Zen Liz zap biz

Word Puzzle

v	z	u	a	l	m	x	e	g	o
x	m	o	f	s	e	z	s	n	r
s	z	d	o	f	z	e	b	r	a
z	i	p	o	x	p	r	d	q	d
f	t	e	f	t	q	o	f	n	w
s	c	t	z	i	g	z	a	g	m
b	q	z	t	r	w	s	m	y	f

Listen and write down the missing letters to the sounds you hear.

1. j 2. o 3. b

Good j o b !

Pages 115~116

Circle the *long a* words in each sentence.

1. tape game 2. bake sale
3. rake lake 4. name Jane
5. hate cave Dave

Read and choose the words with a *long a* sound.

1. fat fate 2. mate mat
3. cape cap 4. hat hate
5. fade fad 6. tape tap
7. pane pan 8. same Sam

Listen and match the *a-e* words.

1. fade 2. bake 3. sale 4. came
5. lane 6. cape 7. late 8. gaze

Look and write the words spelled with *a_e*.

tape vase maze
bake pane lake

Listen and write the missing letters to the words you hear.

1. cane 2. wake 3. sale 4. jade

Give these words a *long a* sound by adding an ending *e*.

1. fade 2. fate 3. cape
4. tape 5. pale

Pages 118~120

Listen and unscramble these *ai* words.

bait tail paid rain sail

Circle the *long a* words in each sentence.

1. maid paid 2. sail rains
3. bail jail 4. mail rail
5. hail pail

Read and choose the words with a *long a* sound.

1. b) 2. a) 3. a)
4. b) 5. a) 6. b)

Listen and match the *ai* words.

1. gain 2. fail 3. wait
4. raid 5. tail 6. maid

Unscramble and match.

1. rain → (图3) 2. mail → (图4)
3. bait → (图1) 4. sail → (图2)

Listen and write down the words you hear.

1. hail 2. tail 3. nail

Give these words a *long a* sound by adding an *i* in the middle.

1. maid 2. rain 3. bait 4. pail

Pages 122~123

Circle the *long a* words in each sentence.

1. pay hay
2. say way
3. May bay
4. Fay Kay jay
5. lay ray

Read and choose the words with a *long a* sound.

1. b) 2. a) 3. a) 4. b)
5. a) 6. b) 7. b) 8. a)

Listen and match the *ay* words.

1. pay 2. ray 3. gay
4. way 5. lay 6. say

Listen and unscramble these *ay* words.

say way bay lay day

Look and write the *long a* words for each picture.

hay jay May

Give these words a *long a* sound by changing the ending consonants to y.

1. may 2. ray 3. bay
4. pay 5. Fay

Pages 126~127

Listen and unscramble these *ea* words.

beak reap feat jean meal

Circle the *long e* words in each sentence.

1. read tea 2. leap seat
3. team eats meat 4. deal leak
5. seal sea

Read and choose the words with a *long e* sound.

1. bed [bead] 2. [deal] del
3. Jen [jean] 4. led [lead]
5. [meal] Mel 6. net [neat]
7. [peat] pet 8. red [read]

Listen and circle the pictures with a *long e* sound.

1. [peas] pins 2. sale [seat]
3. [leaf] rink 4. red [read]

Listen and write down the words you hear.

1. weak 2. bean 3. heat 4. team

Give these words a *long e* sound by adding an *a* in the middle.

1. bead 2. meat 3. lead 4. jean
5. read

Pages 130~131

Listen and unscramble these *ee* words.

sced feet weed meet reel

Circle the *long e* words in each sentence.

1. see bee 2. Lee see weed
3. feet feel 4. jeep beep beep beep
5. beets beef week

Read and circle the words with a *long e* sound.

1. fell [feel] 2. [beef] bet
3. red [reed] 4. Ken [keen]
5. met [meet] 6. [weed] wed
7. ten [teen] 8. bed [bee]

Listen and match the pictures with the correct words.

1. (图1) → jeep
2. (图2) → feet
3. (图3) → peel
4. (图4) → seed

Listen and choose the *long e* words.

1. a) 2. c) 3. b) 4. b) 5. a)

Give these blends a *long e* sound by adding an *e* in the middle.

1. feed 2. meet 3. heel
4. jeep 5. peel

Pages 134~135

Listen and unscramble these *i_e* words.

bite wise jive side mine

Circle the *long i* words in each sentence.

1. time ride bike
2. hide hike Mike
3. line side rise
4. ripe lime fine
5. wise file mine

Read and choose the words with a *long i* sound.

1. a) 2. a) 3. b) 4. c) 5. b)

Crossword

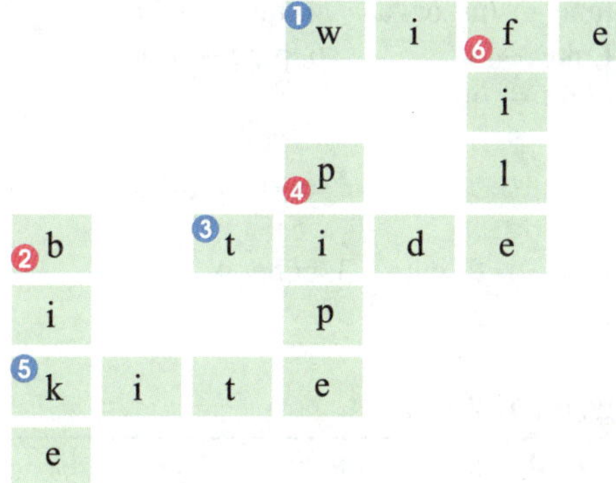

Listen and match the pictures with the correct words.

1. (图1) → bike 2. (图2) → dive
3. (图3) → kite 4. (图4) → hive

Give these words a *long i* sound by adding an ending *e*.

1. bite 2. dime 3. site 4. ripe 5. fine

Pages 137~138

Listen and unscramble these *igh* words.

light sigh bight fight high

Circle the *long i* words in each sentence.

1. bright light 2. fight night
3. right bight 4. might high
5. sigh sight

Read and choose the words with a *long i* sound.

1. hit high 2. nit night
3. bit bight 4. lit light
5. might mitt 6. fit fight

Look and unscramble the *igh* words.

1. light 2. night 3. right
4. might 5. fight 6. tight

Give these blends a *long i* sound by adding an gh after the letter *i*.

1. bight 2. might 3. right
4. night 5. sight

Pages 141~142

Listen and unscramble these *o_e* words.

joke rope wove doze cope

Circle the *long o* words in each sentence.

1. rode cone
2. bone hole pole
3. hose rose
4. Rome vote pope
5. mole robe home

Listen and choose the words that have the same *long o* sounds.

1. b) & c) 2. a) & c) 3. a) & b)
4. a) & b) 5. a) & c)

Listen and circle the pictures with a *long o* sound.

1. pot dome 2. rope lop
3. hot cone 4. note sod

Listen and write the missing letters to the words you hear.

1. bone 2. hole 3. rose 4. mole

Give these words a *long o* sound by adding an ending *e*.

1. code 2. tote 3. hope
4. robe 5. note

Pages 144~145

Listen and unscramble these *oa* words.

coax road loam loaf toad

Circle the *long o* words in each sentence.

1. toad road
2. soap load coal
3. moan
4. coat roam boat
5. Joan goat toad

Listen and circle the *long o* words.

1. ox oak 2. moat mot
3. cot coat 4. soap sop
5. goat got 6. road rod

Listen and write down the words you hear.

1. goal 2. soap 3. foam

Listen and match the pictures with the correct words.

1. (图1) → boat 2. (图2) → soap
3. (图3) → goat 4. (图4) → toad

Give these words a *long o* sound by adding an *a* in the middle.

1. moat 2. road 3. soap
4. coat 5. goat

Pages 148~149

Listen and unscramble these *u_e* words.

tune luxe dupe muse rude

Circle the *long u* words in each sentence.

1. cute dude 2. lute tube
3. rude nude 4. mule dune
5. huge duke June

Listen and choose the words with a *long u* sound.

1. a) 2. c) 3. c) 4. b) 5. a)

Listen and write the missing letters to the words you hear.

1. cube 2. June
3. mule 4. tube

Look and match the words with the correct *long u* sound.

1. dupe → /ju/ or /u/ 2. jute → /u/
3. tune → /ju/ or /u/ 4. fume → /ju/
5. Luke → /u/ 6. pule → /ju/
7. nude → /ju/ or /u/

Give these words a *long u* sound by adding an ending *e*.

1. tube 2. cute 3. cube
4. huge 5. jute

Pages 152~153

Listen and unscramble these *soft c* words.

1. lice 2. cite 3. vice 4. nice 5. mace

Listen and circle the *soft c* words.

2. face 3. dice 5.cine
7. puce 8. lice 10. ice

Listen and match the pictures with the correct words.

1. (图1) → face 2. (图2) → dice
3. (图3) → rice 4. (图4) → puce

Circle the *soft c* words in each sentence.

1. dice mice 2. rice nice
3. ice face 4. mace race
5. puce lace

***Soft c* or *hard c*.**

1. soft c 2. hard c 3. soft c
4. hard c 5. hard c 6. soft c

Give these blends a *soft c* sound by adding an ending *e*.

1. mice 2. rice 3. ace 4. pace 5. vice

Pages 155~156

Listen and unscramble these *soft g* words.

gee gin sage gibe loge

Listen and choose the words with *soft g* sound.

1. b) & c) 2. a) & c) 3. a) & c)
4. b) & c) 5. b) & c)

Listen and match the pictures with the correct word.

1. (图1) → page 2. (图2) → gem
3. (图3) → loge 4. (图4) → cage
5. (图5) → gel

Circle the *soft g* words in each sentence.

1. cage huge 2. page
3. age 4. gel
5. wage

***Soft g* or *hard g*.**

1. soft g 2. hard g 3. hard g
4. soft g 5. soft g 6. hard g

Give these words a *soft g* sound by adding an ending *e*.

1. huge 2. rage 3. wage
4. sage 5. loge

Pages 159~160

Listen and unscramble these *ck* words.

rack lick lock duck neck

Circle the *ck* words in each sentence.

1. back duck 2. Tuck sock sack
3. lick rock 4. puck neck
5. lock rack

Listen and choose the words with a *ck* sound.

1. c) 2. b) 3. a) 4. c) 5. a)

Listen and write the missing letters to the words you hear.

1. lock 2. rock 3. neck 4. duck

Listen and circle the pictures with a *ck* sound.

1. bat tack 2. sock pen
3. tap lock 4. lip lick

Give these words a *ck* sound by changing the last letter to *ck*.

1. tack 2. lock 3. lick
4. muck 5. neck

Pages 163~164

Circle the words with a beginning blend sound in each sentence.

1. class clap 2. glad blot
3. clip clam 4. club
5. bless clan

Read and circle the words with a beginning blend sound.

1. blot pot 2. mess bless
3. pass glass 4. clap lap
5. sip clip 6. clog log
7. clan can 8. lad glad

Look and write the missing blend sound letters for each word.

1. glass 2. club 3. clam 4. clip

Give these words a blend sound by adding an *l* after the beginning consonant.

1.clap 2. bless 3. club
4. blob 5. glad

Write another word that has the same blend sound at the beginning.

1. glad 2. blot 3. clap 4. click

Look at the words. If the word has a blend sound at the beginning, write the two blend letters. If it doesn't, write "no".

1. no 2. gl 3. no 4. bl
5. no 6. cl 7. no 8. gl

Pages 167~168

Circle the words with a beginning blend sound in each sentence.

1. slid plug 2. flag flap
3. slam plum 4. flab slim
5. plan sled

Read and circle the words with a beginning blend sound.

1. hot plot 2. rag flag
3. bus plus 4. flip rip
5. slap lap 6. hug plug
7. slip lip 8. slot got

Look and write the missing blend sound letters for each word.

1. flag 2. sled 3. plug 4. flat

Give these words a blend sound by adding an *l* after the beginning consonant.

1. plug 2. flax 3. plot 4. flan 5. slip

Circle the words that have the same blend sounds.

1. flat flip 2. slam sled
3. plan plug 4. slug slim
5. flag flap

Write another word that has the same blend sound at the beginning.

1. flat 2. plum 3. slit 4. slot

Pages 171~172

Circle the words with a beginning blend sound in each sentence.

1. brick crack 2. drop crab dress
3. Brad brag drum 4. crib brass
5. drag drill drop

Look and write the missing blend sound letters for each word.

1. brick 2. crib 3. crab 4. dress

Listen and write down the words you hear.

1. brim 2. drum 3. crag 4. brat

Give these words a blend sound by adding an *r* after the beginning consonant.

1. drab 2. brag 3. cram
4. drill 5. crab

Circle the words that have the same blend sounds.

1. brick brat 2. crib crab
3. dress drag 4. brim brag
5. drill drop

Write another word that has the same blend sound at the beginning.

1. bran 2. crib 3. drug

Pages 175~176

Circle the words with a beginning blend sound in each sentence.

1. frog pram
2. Greg grub grill
3. Fran truck prom
4. prop track grin
5. Grab grip tram

Read and circle the words with a beginning blend sound.

1. fog frog 2. pram Pam
3. trap tap 4. grill gill
5. fill frill 6. grab gab
7. press pass 8. fat fret

Look and write the missing blend sound letters for each word.

1. grass 2. frog 3. tram 4. pram

Listen and match the pictures with the correct words.

1. (图1) → grab 2. (图2) → frost
3. (图3) → print 4. (图4) → trump

Give these words a blend sound by adding an *r* after the beginning consonant.

1. trap 2. grad
3. frill 4. trick
5. prop

Circle the words that have the same blend sounds.

1. grip grill
2. frill fret
3. press prom
4. trick track
5. grass grub

Pages 179~180

Circle the words with a beginning blend sound in each sentence.

1. sniff smell 2. swim stick
3. staff stop stag 4. step stem
5. Spell spill spin

Look and write the missing blend sound letters for each word.

1. stick 2. smell 3. spin 4. swim

Listen and match the pictures with the correct words.

1. (图1) → spell 2. (图2) → swim
3. (图3) → still 4. (图4) → snip

Give these words a blend sound by adding an *s* at the beginning of the word.

1. still 2. spot
3. smock 4. snap
5. swig

Circle the words that have the same blend sounds.

1. sniff snuff
2. smell smack
3. spill spin
4. still step
5. swill swim

Write another word that has the same blend sound at the beginning.

1. smog 2. stem
3. snip 4. spin